KB141717

현대한국어 한자어 어근 파생형용사 연구

장나(張娜)

  중국 산동사범대학교 한국어학과(문학학사)
  인하대학교 일반대학원 한국학과 언어학 전공 졸업(문학석사, 문학박사)
  현재 중국 청도대학교 한국어학과 재직

주요 논저

  「한·중 친족호칭어의 사회호칭어적 용법 대조 연구」
  「어휘적 대우에 관한 연구」
  「대명사 대우어에 관한 연구」
  『한국어 발음 입문 + 5000 실용 어휘 분류 기억법』

현대한국어 한자어 어근 파생형용사 연구

초판 1쇄 인쇄 2018년 12월 21일
초판 1쇄 발행 2018년 12월 28일
지은이 장나
펴낸이 지현구   **펴낸곳** 태학사   **등록** 제406-2006-00008호
주소 경기도 파주시 광인사길 223
전화 마케팅부 (031) 955-7580~81 편집부 (031) 955-7584~91
전송 (031) 955-0910
전자우편 thaehak4@chol.com   **홈페이지** www.thaehaksa.com

ⓒ 장나, 2018

값은 뒤표지에 있습니다.

ISBN 979-11-6395-006-6   93710

現 代 韓 國 語

현대한국어

漢 字 語 語 根

한자어 어근

派 生 形 容 詞 研 究

파생형용사 연구

장나
張娜

태학사

서문

본서는 현대한국어의 한자어 어근 파생형용사를 체계적으로 분석하고 한자어 어근의 형태론적 특성 및 의미론적 특성을 고찰하고 한자어 어근과 해당 어근의 중국어 용법과의 상관관계를 밝히는 데에 목적이 있다.

본서에서는 한자어 어근을 형용사로 파생하는 접미사를 그 특성에 따라 3가지 유형으로 분류하였다. 제1유형 '-하다'는 의미가 비어 있는 접미사이고, 제2유형 '-답다, -롭다, -되다, -스럽다'는 고유 의미를 지니고 기원적·의미론적으로 서로 관련성이 있는 전형적인 접미사들이며, 제3유형 '-쩍다, -궂다, -맞다, -지다'는 의미를 지니고 제2유형과는 형태론적·기원적으로 다른 접미사들이다.

파생형용사 한자어 어근은 자립성에 따라 명사성 자립어근, 관형명사성 자립어근, 부사성 자립어근, 비자립어근으로 나누었으며, 내적 구조에 따라 단일어근, 합성어근과 파생어근으로 나누되 합성어근을 다시 병렬구조('형용사성 한자어 어근+형용사성 한자어 어근', '동사성 한자어 어근+동사성 한자어 어근', '명사성 한자어 어근+명사성 한자어 어근'), 주술구조, 술목구조, 술보구조, 수식구조('부사성 한자어 어근+형용사성 한자어 어근', '형용사성 한자어 어근+명사성 한자어 어근') 등으로 나누었다.

각 유형 파생형용사 한자어 어근의 자립성과 내적 구조는 다음과 같다. 제1유형의 '-하다' 형용사 한자어 어근은 비자립어근이 매우 우세하게 나타나는 반면 제2유형의 '-스럽다, -롭다' 등의 어근은 대부분 자립어근이다. 한편 제3유형의 어근은 자립어근과 비자립어근이 비슷하다. 병렬구조의 경우 제1유형에는 두 형용사성 한자어 어근이 병렬된 구성만 있는 데 반해 제2·3유형에는 두 형용사성 한자어 어근이 병렬된 구성('번잡(煩雜)')뿐만 아니라 두 동사성 한자어 어근이 병렬된 구성('세련(洗練)')과 두 명사성 한자어 어근이 병렬된 구성('상서(祥瑞)')도 적지 않게 나타난다. 그리고 제2유형에는 제1유형의 '-하다' 어근에 없는 술목구조('실망(失望)')와 술보구조('충만(充滿)')도 나타난다.

'-하다' 형용사 한자어 어근과 해당 한자 어근의 중국어 용법과의 상관관계를 살펴본 결과 이 어근들은 중국어에서는 대부분 형용사적 용법을 지니고 있음을 확인하였다. 이 점은 '-하다' 형용사 어근이 대부분 비자립적 용법을 가지는 이유로 보인다. 또한 명사성 자립어근을 갖는 '-하다' 형용사도 원래는 한자어 명사성 자립어근에 '-하다'가 결합되어 형용사가 생성된 것이 아니라, 다른 비자립어근의 경우와 마찬가지로 원래 형용사적 용법을 가지는 한자어 어근이 언해나 번역 과정을 통해 한국어의 형용사로 형성된 것으로 판단된다.

본서에서는 한자어 어근의 의미자질을 [실체성], [상태성], [동작성], [양태성]으로 나누었다. 제1유형의 '-하다' 형용사 한자어 어근은 특수한 경우를 제외하면 모두 [상태성]을 지니고 있는 데 반해 제2유형의 '-답다, -롭다, -되다, -스럽다' 한자어 어근 가운데 [실체성]이나 [동작성]을 지닌 것은 절반을 차지하고 있어 그 비중이 상당히 높음을 확인하였다. 그리고 제3유형의 '-쩍다, -궂다, -맞다, -지다'도 [상태성]뿐만 아니라 [실체성]이나 [동작성]을 지닌 한자어 어근과도 결합할 수 있음도 확인하였다.

[실체성]이나 [동작성]을 지닌 명사성 자립어근들이 '-하다'와 결합하여 형용사를 형성할 수 없고 '-스럽다, -롭다' 등과 결합해야 형용사를 형성할 수 있는 것은 '-하다'와 '-스럽다, -롭다' 등의 의미적 차이에 기인한 것으로 보인다. 그리고 '-스럽다'의 [상태성] 한자어 어근들은 모두 동시에 '-하다'와 결합하여 형용사를 파생하는 공유 어근임을 확인하였는데 이것은 화자가 '-하다' 형용사의 강한 단언적 어감을 약화하기 위해서 신중한 느낌을 줄 수 있는 '-스럽다'를 사용한 것으로 보인다.

　　본서는 필자의 박사학위논문을 수정한 것이다. 출판에 즈음해서 유학생활과 박사학위논문 집필 당시에 많은 도움을 주셨던 고마운 분들이 떠오른다. 이 자리를 빌려 그 분들께 감사의 마음을 전하고자 한다. 먼저 아낌없이 조언을 해 주시고 지도해 주신 영원한 스승이신 안명철 교수님께 진심으로 감사드린다. 그리고 한국어학 공부에 대하여 많은 가르침을 주신 장윤희 교수님, 한성우 교수님을 비롯한 인하대 한국학과 교수님들께 진심으로 감사드린다. 또한 연구와 강의로 바쁘신 와중에도 필자의 학위논문 심사를 흔쾌히 맡아 주시고 논문을 꼼꼼하게 지적해 주신 김정남 교수님, 최형용 교수님께 감사를 드린다. 그리고 좌절과 어려움이 많았던 유학생활에 격려와 많은 도움을 주신 오수학 교수님과 사모님께 감사의 말씀을 전한다. 늘 옆에 있어 주고 큰 힘이 된 제 가족들에게도 감사의 글을 보낸다.

　　끝으로 이 책을 흔쾌히 출판해 주신 태학사 관계자님들께 감사의 말씀을 전한다.

2018년 7월 28일

장 나

차례

〈표 차례〉

1. 총론

1.1 연구 목적과 필요성

한국어의 어휘 체계에서 한자어[1])가 큰 비중을 차지하고 있는 것은 주지의 사실이다. 마찬가지로 형용사 중에서도 한자어 어근 파생형용사가 큰 비중을 차지하고 있다. 『현대국어 사용 빈도 조사』(국립국어연구원, 2002)에서 제시된 형용사에 대한 조사 결과는 실제 언어생활에서 사용되는 형용사 중에 한자어 어근 파생형용사가 거의 절반을 차지하고 있다.[2])

한자어 어근 파생형용사와 고유어 어근 파생형용사는 형용사로서 형태·의미론적으로 많은 특성을 공유하고 있는 동시에 적지 않은 차이점도 보여준다. 특히 '-하다' 형용사의 경우 고유어 어근은 부사

---

1) 본서에서의 한자어는 기원에 관계없이 한국어 어휘에 해당되는 것으로 한자로 표기될 수 있으며 한국 한자음으로 읽히는 것을 가리킨다(노명희:1990 참조).
2) 『현대국어 사용 빈도 조사』(2002)에 수록된 2,721개의 형용사 중에 단일어 및 선행 요소가 고유어인 것은 1,335개, 선행 요소가 한자어인 것은 1,349개가 있다.

성 자립어근이 많은 데 반해 한자어 어근은 부사성 자립어근이 몇 개밖에 없으며, 한자어 어근은 명사성 자립어근이 많은 데 반해 고유어 어근은 명사성 자립어근이 몇 개밖에 없다. 이것은 '-하다' 형용사 한자어 어근과 고유어 어근의 형태론적 특성이 상반된 것임을 시사해 준다. '-하다' 형용사 한자어 어근과 고유어 어근의 이와 같은 차이점은 우리가 간과한 한자어 어근의 특성이 있는지에 대해 검토할 필요가 있음을 의미한다. 따라서 한자어 어근 파생형용사를 단일어 형용사나 고유어 파생형용사와 구별해서 연구할 필요가 있다.[3]

다른 한편으로 한자어 어근 파생형용사의 각 파생 유형 사이에도 적지 않은 차이점을 보인다. 특히 '-하다' 한자어 어근 파생형용사와 '-스럽다, -롭다' 한자어 어근 파생형용사가 취하는 어근에 큰 차이점이 나타난다. '-하다'는 상태성 어근과만 결합할 수 있는 데 반해 '-스럽다, -롭다'는 상태성 어근뿐만 아니라 실체성 어근이나 동작성 어근과도 결합할 수 있다.[4] 이에 대한 검토가 역시 필요한 것으로 보인다.

---

3) 일반적으로 단어는 단일어, 합성어, 파생어로 분류할 수 있다. 단일어는 '하늘, 높다' 등처럼 하나의 형태소로 이루어진 단어이고, 합성어는 '산나물, 높푸르다' 등처럼 어휘 의미를 강하게 띠는 요소끼리 결합한 단어이며, 파생어는 '드높다, 웃음'처럼 어휘 의미를 가진 요소에 접두사나 접미사와 같이 형식 의미를 갖는 요소가 결합한 단어이다(고영근·구본관, 2008:201 참조). 형용사에 있어서 단일형용사는 '크다, 길다, 예쁘다, 가깝다' 등 어간이 하나의 형태소로 이루어진 형용사를 가리키며, 합성형용사는 '색다르다(色), 수많다(數), 열띠다(熱), 의좋다(誼)' 등 어휘 의미를 강하게 띠는 '색과 '다르다', '수와 '많다', '열'과 '띠다', '의'와 '좋다'가 결합된 형용사를 가리키며, 파생형용사는 '다행(多幸)스럽다, 단조(單調)롭다, 정(情)답다, 객(客)쩍다' 등처럼 어휘 의미를 가진 요소인 '다행, 단조, 정, 객'에 접미사 '-스럽다, -롭다, -답다, -쩍다'를 결합하여 파생한 형용사를 가리킨다.
4) 본서에서 '어근'은 자립어근과 비자립어근을 모두 포괄하는 용어로 쓰인다(2장 참조).

그러나 선행연구를 살펴보면 한국어 형용사 중에 큰 비중을 차지하고 있는 한자어 어근 파생형용사에 대한 체계적인 연구는 찾기 어렵고, 한자어 어근 파생형용사의 어근과 해당 어근의 중국어 용법과의 상관관계에 관한 연구는 더 찾기가 어렵다. 따라서 본서는 현대한국어의 한자어 어근 파생형용사를 체계적으로 분석하고, 한자어 어근의 형태론적 특성 및 의미론적 특성을 고찰하고, 한자어 어근과 해당 어근의 중국어 용법과의 상관관계를 밝히고자 한다.

주지하는 바와 같이 많은 한자어 계열의 동사나 형용사는 한문을 한국어로 언해 또는 번역하는 과정에서 수용된 것이다.[5] 필자는 중국인의 직관에서 볼 때 접미사 '-하다'에 연결되는 어근들은 원래 한문에서는 동사나 형용사였던 것으로 보인다. 이를 증명하기 위해서 모든 한자어 어근의 중국 문헌자료에서의 용법을 고찰할 필요가 있으나, 한문의 후대형인 현대중국어의 용법에서도 명확한 상관성을 발견할 수 있으므로 현대중국어의 용법과 비교하면서 논의를 진행하기로 한다.

1.2 선행연구

한국어 형용사에 관한 연구는 오래전부터 활발하게 진행되어 왔다. 한국어 형용사에 대한 초기 연구는 전통 문법 관점에서 이루어졌는데 주시경(1910), 박승빈(1935), 최현배(1937) 등이 대표적이다.

최현배(1937/1971:480-525)에서는 형용사를 "일의 몬과 바탈(性質)과 모양(狀態)과 있음(存在)의 어떠함을 그리어 내는 씨(풀이씨)이

---

5) 최근에는 일본 계열의 한자어들도 별도로 수용된다.

니: 무엇이 어떠하냐?에 대하여 그 어떠함을 대답함에 해당한 말"로 정의하였고, 형용사의 활용형을 기술하였으며 형용사를 의미적으로 '속겉 그림씨(성상형용사), 있음 그림씨(존재형용사), 견줌 그림씨(비교형용사), 셈숱 그림씨(수량형용사), 가리킴 그림씨(지시형용사)'로 자세하게 분류하였다. 그 후의 대부분의 학교문법에서(남기심·고영근:1985, 서정수:1996 등) 형용사에 대한 설명은 최현배(1937/1971)를 따르고 있다.

60년대 후반부터 형용사에 대한 통사론적 연구가 활발해지기 시작하였다. 남기심(1968)에서는 형용사를 술어로 하는 문장유형을 'NA'와 'N₁N₂A'로 설정하고 그 특질을 고찰하였다. 임홍빈(1972)에서는 소위 이중주어 구문의 첫 번째 명사구 'NP-은/는'이나 'NP-이/가'를 '주제'라고 규정하여 형용사가 서술어로 된 문장 중의 이중주어 현상을 해소하고자 하였다. 그리고 이정민(1976), 김흥수(1989), 김세중(1989) 등에서는 심리형용사나 심리동사 구문 구조의 통사적 측면과 의미화용적 측면을 논의하였다.

또한 형용사의 형태적 특징에 대한 연구도 많이 진행하였는데 주로 파생형용사에 대한 통시적 연구와 형태적 연구 및 각 파생접미사의 어근의 품사와 의미 연구가 있었다. 대표적 논의는 이태영(1980), 우효(1980), 김창섭(1984), 윤동원(1986), 김경빈(1990), 신운섭(1993), 임성규(1997) 등을 들 수 있다.

90년대에 들어와서 형용사에 대한 전반적인 통사·의미론적 연구들이 나타나기 시작하였다. 정인수(1994)에서는 형용사의 의미 자질에 초점을 맞춰서 논의를 하였고, 남지순(1994/2007)에서는 형용사로 정의된 어휘들을 술어로 하는 문장 구조들에 대한 통사적 분류를 하였다. 그리고 신순자(1996)에서는 어휘의미론적·통사의미론적 관점에서 형용사와 관련된 문제를 검토하고 형용사의 의미 특질에 대한 연구를 하였다. 유현경(1998)에서는 형용사를 의미역과 격틀을 기준으로 분류를 하고 그 통사·의미적 특성을 고찰하였으며, 김정남(1998)에서는 800여 형용사를 대상으로 형용사의 형태론적 특징, 의미·화용론적 특징, 통사론적 특징 등을 전반적으로 고찰하였다. 또한 김건희(2005)에서는 형용사의 형태와 통사적 특징을 고찰하고 형용사의 논항 구조에 대해서 연구하였다.

한편 한국어의 개별 형용사에 관한 연구도 많이 진행하였는데 이정민(1994), 이익환(1994), 김건희(2003) 등에서 심리형용사의 상적 특징과 사건구조에 관한 연구를 하였고, 민현식(1991), 김억조(2008), 안명철(2013) 등에서 공간형용사의 의미 확장이나 시간성에 관한 연구를 하였다.

한국어 형용사에 관한 연구의 또 하나의 주제는 형·동 양용 용언에 관한 연구를 들 수 있다. 동일한 형태의 어휘가 의미상의 관련성을 유지하면서 상이한 품사 범주로 기능하는 이런 현상에 대해서 많은 연구 성과가 창출되었는데 이에 관한 처리 방안은 크게 영파생, 환유, 비대격술어나 능격동사, 형용성 동사, 양용 용언 등 다섯 가지로 나눌 수 있다. 영파생으로 보는 주장은 안병희(1965), 이기문(1972)에서 처음 제시되고 이병근(1986), 송철의(1995), 김정남(2005) 등에서 논의된 바가 있다. 환유의 일종으로 보는 견해는 김창섭(1990:109)을 들 수 있다. 비대격술어나 능격동사로 설정하는 논의는 유현경(1998), 고광주(2001)가 대표적이다. 형용성 동사로 설정하는 논의는 김상대(1988:252), 도원영(2008)이 대표적이다. 양용 용언으로 보는 논의를 살펴보면 홍기문(1947:90-94)과 고영근(1974)에서 이런 현상이 '품사의 통용'임을 주장하였고, 이영경(2003:290-293)에서는 이를 '겸용'으로 부르며, 남길임(2004)과 김선영(2011)에서는 이를 '양용'으로 칭하여 양용 용언으로 처리하였다.

본서의 연구 대상인 한자어 어근 파생형용사와 관련된 연구는 '-하다' 용언에 대한 연구에서 부분적으로 찾을 수 있다. 서정수(1975)에서 '하다'의 선행 요소와 '하다'의 문법 기능을 고찰하였는데 '하다'의 선행 요소를 형태적으로 분리성 선행 요소, 비분리성 선행 요소, 의사분리성 선행 요소로 분류하였으며, 의미적으로 실체성과 비실체성으로 분류하였다. 비실체성을 다시 상태성과 비상태성으로 나누었으며, 비상태성을 다시 동작성과 과정성으로 나누었다. 그리고 '하다'의 문법적 기능에 대해서 비실체성 선행 요소에 첨가되어 문장의 형식을 갖추는 기능만 하고 의미적으로는 무내용한 형식동사, 실체성 선행 요소와 함께 나타나 다른 동사의 대신으로 쓰인 대동사가 있음을 지적하였다.

김계곤(1993)에서는 고유어 '-하다' 움직씨와 그림씨의 선행 요소의 형태 분석을 하였지만 한자어 용언을 다루지 않았다. 정성미(2006)에서 '-하다' 형용사의 형태구조와 논항구조, 유의 관계에 있는 일반 형용사와 '-하다' 형용사의 논항 구조를 비교하였다. '-하다' 형용사의 선행 요소를 고유어와 한자어로 나누어서 고찰하였는데, 한자어 선행 요소에 대해서 다시 단일 형태(명사와 형용사성 어근)와 합성 형태(합성 명사와 합성 어근)로 나눠서 고찰하였다. 유춘평(2013)에서 먼저 '한자어-하다'형 용언의 어근의 특성과 후생요소 '-하다'의 특성을 고찰한 다음, '한자어-하다'와 '한자어-되다/시키다/받다/당하다' 등의 관련성을 고찰하였다.

'-하다' 용언에 관한 선행 연구를 살펴보면 '-하다' 동사에 치우치고 '-하다' 형용사를 간단하게 언급하는 경향이 있다. 마찬가지로 '-하다'

형용사에 관한 선행 연구는 '한자어-하다' 형용사에 비해 '고유어-하다' 형용사에 치우치는 경향이 있다.

최근에 들어와서 한국어 형용사 연구는 다른 나라의 형용사와 비교·분석하는 관점에서 진행되고 있다. 한·일 형용사 대조 연구는 고은숙(2005)과 하경식(2006)을 들 수 있으며, 한·중 형용사 대조 연구는 왕단(2005)과 김찬화(2005), 황정희(2009), 손해서(2014) 등을 들 수 있다. 그 중에 왕단(2005)에서는 한·중 형용사의 대조 분석 및 중국어권 학습자의 형용사 사용 오류 분석을 바탕으로 중국어권 학습자를 위한 한국어 형용사 기술 방안과 교육 방안을 제시하였으며, 김찬화(2005)에서는 한·중 감각형용사의 의미적 공통점과 차이점을 기술하였다. 황정희(2009)에서 한·중 동형의 한자어 어근 파생형용사의 조어법과 품사 대응 관계 및 의미를 비교였으며, 손해서(2014)에서도 동형의 한·중 한자어 어근 파생형용사의 형태 층위와 의미 층위에 관한 대조 연구를 실시하였다.

이상 형용사에 관한 선행 연구를 살펴보았는데 형용사는 중요한 연구 주제가 부각되고 형용사에 대한 연구가 활발하게 진행되고 많은 연구 성과가 창출되었음을 알 수 있다. 그럼에도 불구하고 정작 형용사 중에 큰 비중을 차지하고 있는 한자어 어근 파생형용사에 대한 체계적인 연구는 찾기가 어려운 점을 확인할 수 있었다.

1.3 연구방법과 연구대상

본서의 연구대상인 한자어 어근 파생형용사는 '행복(幸福)하다, 고생(苦生)스럽다'처럼 어근이 순수한 한자어로 표기 가능한 파생형용사를 가리킨다. 본서는 한자어 어근을 가진 형용사의 형태·의미론적 특성을 살펴보고자 하는 것이므로 대부분의 논의는 한자어 어근을 중심으로 진행되며 필요한 경우 고유어 어근의 특성도 아울러 살펴볼 것이다. 다만 '속상(-傷)하다, 천연덕(天然-)스럽다'처럼 어근이 한자어와 고유어가 섞어져 있는 경우는 제외한다. 또한 '기(氣)막히다, 수(數)많다, 폭(幅)넓다'처럼 선행 요소가 한자어로 표기 가능하지만 후행 요소를 접미사로 보기 어려운 합성형용사도 본서의 연구 대상에서 제외한다.[6] 왜냐하면 이들의 경우 선행 한자어 어근의 의미론적 특성과 후행 요소와의 상관성이 명확하게 발견되지 않고 그 분포도 제한되어 있어서 이 합성형용사들의 특성을 체계적으로 서술하기에 적당하지 않기 때문이다.

본서는 『현대국어 사용 빈도 조사』(국립국어연구원, 2002)에서 제시된 한자어 어근 파생형용사를 주된 연구 대상으로 삼고, 논의의 필요에 따라 『표준국어대사전』(국립국어연구원, 1999)[7]에 실린 한자어 어근 파생형용사를 보조 연구 대상으로 추가하였다.[8]

한자어 어근 파생형용사 어근의 자립성을 확인하기 위하여 전자판 『표준』(1999)의 예문 및 『21세기 세종계획』(2011)의 말뭉치를 활용하였으며, 필요한 경우 한국어 화자에게 확인하여 판단하였다. 어근의 의미를 확인하기 위하여 『표준』(1999)의 뜻풀이를 활용하였다.

---

6) 제외된 합성형용사는 '관계(關係)있다, 기(氣)막히다, 색(色)다르다, 성(性)마르다, 수(數)많다, 양지(陽地)바르다, 열(熱)띠다, 의(誼)좋다, 폭(幅)넓다, 흥(興)겹다' 등이 있다.

7) 이하 『표준국어대사전』(1999)은 『표준』(1999)으로, 『현대국어 사용 빈도 조사』(2002)는 『빈도』(2002)로 표시한다.

8) 예를 들면 생산성이 낮은 '-맞다' 파생어의 경우 『빈도』(2002)에서는 1개의 '-맞다' 한자어 어근 파생형용사를 수록하였는데 이것만으로는 '-맞다' 어근의 형태·의미론적 특성을 관찰하지 못하기 때문에 『표준』(1999)에 실린 다른 '-맞다' 한자어 어근 파생형용사를 추가하여 고찰하였다.

본서에서 사용된 한국어 예문은 전자판『표준』(1999)과『21세기 세종계획』(2011)의 말뭉치에서 추출된 것이다.9) 어휘 항목의 추출 및 분류는 'Emeditor'를 활용하였고, 예문의 추출은 'Emeditor'와 'Uniconc'를 활용하였다.

그리고 한자어 어근의 현대중국어에서의 용법을 확인하기 위하여 현재 중국어사전의 표준으로 권위를 인정받고 있는『현대한어사전』(중국사회과학원 언어연구소, 제6판, 2012)을 활용하였으며, 한자어가 고대중국어나 근대중국어에서의 용법을 확인하기 위하여 대표적인 인터넷 사전『漢典』을 활용하였다.10)

Emeditor로 전자판『표준』(1999)에서 선행 요소가 한자어인 형용사를 7,522개를 추출하였는데11) 그 중에 현대한국어에서 실제 용례를 찾기 어려운 '-하다' 어휘들이(예: '엄랭(嚴冷)하다, 일길신량(日吉辰良)하다, 사진의부진(辭盡意不盡)하다' 등) 다수를 차지하고 있다. 현대한국어에서 거의 사용되지 않는 어휘들에 관한 예문을 제시하는 데에 현실적인 어려움이 있으며 수적으로 방대한 한자어 어근 파생형용사를 모두 다루는 것도 어려움이 있다. 그러나『빈도』(2002)에서 제시된 어휘들은 상술한 어려움을 해소할 수 있다.

---

9) 본서에서 제시된 예문들 중에 출처가 명시되지 않는 것들은 모두『표준』(1999)과『21세기 세종계획』(2011)에서 추출된 것임을 명시한다. 이들 예문의 양이 많으므로 일일이 출처를 따로 명시하지 않고, 다른 자료에서 추출된 예문만을 출처를 명시하였다.

10) 일반적으로 중국사에서 1840년 아편전쟁 이전을 고대로, 1840년 아편전쟁부터 1919년 5·4운동까지를 근대로 구분하고 있다.

11) Emeditor로 전자판『표준』(1999)에 수록된 선행 요소가 한자어인 형용사를 추출한 뒤에, 뜻풀이가 '옛말', '방언', '북한어', '…의 잘못' 등으로 표시된 어휘들을 제외하였고, 북한어와 한국어 두 가지 용법을 동시에 지닌 어휘들을 보류하였다(예: 최중(最重)하다: 「형용사」「1」가장 귀하고 중요하다. 「2」『북한어』가장 무겁다.).

『빈도』(2002)는 국립국어연구원에서 2000년부터 2002년까지 3년에 걸쳐서 1990년대에 생산된 150만 어절의 문헌 자료를 대상으로, 외국어로서의 한국어 어휘 교육에 필요한 단계별 어휘 목록을 선정하기 위한 기초 자료로서의 어휘 빈도 조사를 실시하고 발간된 보고서이다. 이 보고서는 실제 언어생활에서 사용되는 어휘만을 제시하기 때문에 거의 사용되지 않는 한자어 어근 파생형용사들이 자연스럽게 배제될 수 있다.

사용 빈도가 있는 어휘들을 연구 대상으로 삼는 것은 논의를 현실성을 지니게 해주는 장점이 있다. 따라서 본서는 『빈도』(2002)에 수록된 한자어 어근 파생형용사를 주된 연구 대상으로 삼고, 논의의 필요에 따라 『표준』(1999)에 실린 다른 한자어 어근 파생형용사도 추가 연구 대상으로 하였다.

Emeditor로 『빈도』(2002)에 제시된 어휘 가운데 품사가 형용사로 분류된 어휘를 1차적으로 2,721개를 추출하였는데, 그 중에 단일어 및 선행 요소가 고유어인 형용사는 1,335개, 선행 요소가 한자어인 형용사는 1,349개, 선행 요소가 한자어와 고유어의 결합 형식인 형용사는 11개,12) 선행 요소가 외래어인 형용사는 26개가 있다. 현대한국어 언어생활에서 실제로 사용되는 한자어 어근 파생형용사가 고유어 어근 파생형용사보다 많음을 알 수 있다. 이것은 한자어 어근 파생형용사의 중요성을 보여주고 한자어 어근 파생형용사에 대한

---

12) 가. 고+한 (4개): 귀염성(--性)스럽다, 곱상(·相)하다, 속상(-傷)하다, 튼실(-實)하다
나. 한+고 (7개): 금쪽(金-)같다, 생때(生-)같다, 변함(變-)없다, 시답(實-)잖다, 이상야릇(異常--)하다, 천연덕(天然-)스럽다, 혼미해지다(昏迷-)
그 중에 '혼미해지다'가 형용사도 낱말도 아니다. 이와 같은 형용사로 보기 어려운 것은 1차로 추출된 한자어 어근 형용사에서도 있는데 추후 2차 확인할 때 제외하였다.

체계적 연구의 필요성도 보여준다고 할 수 있다.

각 유형에 해당되는 용례는 다음과 같다.

(1) 가. 강(强)하다, 속(俗)되다, 행복(幸福)하다, 고생(苦生)스럽다, 공
교(工巧)롭다, 광범위(廣範圍)하다, 무미건조(無味乾燥)하다

나. 높다, 가깝다, 흔하다, 가난하다, 아름답다, 괴롭다, 쑥스럽다

다. 로맨틱(romantic)하다, 스마트(smart)하다, 레게(reggae)스럽다

라. 금쪽(金-)같다, 변함(變-)없다, 귀염성(--性)스럽다

예 (1)은 『빈도』(2002)에서 추출된 형용사의 예들이다. 그 중에 (1
가)는 선행 요소가 순수한 한자어로 표기 가능한 형용사로 본서의
연구대상인 한자어 어근 파생형용사에 해당된다. (1나)에서의 '높다,
가깝다' 등 단일어 형용사와 '흔하다, 아름답다, 괴롭다, 쑥스럽다' 등
어근이 고유어인 형용사들을 고유어 형용사로 묶어보았다. 그리고
(1다)는 선행 요소가 외래어로 표기 가능한 형용사들이며, (1라)는
선행 요소가 한자어와 고유어로 결합된 형용사들이다.

『빈도』(2002)에서 추출된 1,349개의 선행 요소가 한자어인 형용사
에 대한 2차적 확인의 결과는 그 중에 합성어, 북한어, 동사 및 『표
준』(1999)에 수록되지 않는 임시어 등 72개가 존재한다.[13] 본서는 이

---

13) 합성형용사에 관해서는 일단 합성어적 성격이 분명한 어휘만을 제외시켰으며, 합성
어인지 파생어인지 구별하기 어려운 어휘에 대해서 2.3에서 자세히 살펴보겠다. (예
를 들면 후생 요소가 '없다, 같다, 차다, 나다'인 형용사들은 그것이다.)
2차 확인 과정에서 제외한 어휘는 다음과 같다.
① 합성어(15개): 관계(關係)있다, 기(氣)막히다, 별(別)다르다, 상관(相關)있다, 색(色)
다르다, 성(性)마르다, 수(數)많다, 양지(陽地)바르다, 역(逆)겹다, 열(熱)띠다, 의
(誼)좋다, 정(情)겹다, 폭(幅)넓다 등
② 동사(6개): 각(角)지다, 감질(疳疾)나다, 공고(公告)하다, 복통(腹痛)하다, 중심(中

들을 제외한 1,277개의 한자어 어근 파생형용사를 주된 연구 대상으로 삼았다.

1.4 논의 구성

본서는 현대한국어의 한자어 어근 파생형용사를 체계적으로 분석하고, 한자어 어근의 형태론적 특성 및 의미론적 특성을 고찰하고, 한자어 어근과 해당 어근의 중국어 용법과의 상관관계를 밝히고자 한다. 이를 달성하기 위해서 본론은 크게 4 부분으로 나누어서 논의한다.

2장에서는 먼저 어근의 개념과 어근의 범위를 규명하고 파생접미사의 파생접미사 판별 기준을 세우고 이에 따라 한자어 어근을 형용사로 파생하는 접미사의 목록을 작성한다. 선행 연구에서 접미사 여

心)하다, 토대(土臺)하다

③ 북한어(2개): 심상(尋常)스럽다, 은근(慇懃)스럽다

④ 임시어(49개):

　가. '-하다'(8개): 무궁무궁(無窮無窮)하다, 무지무지(無知無知)하다, 소백(素白)하다, 실성실성(失性失性)하다, 유상(有常)하다, 지망망(地茫茫)하다, 천창창(天蒼蒼)하다, 호연(好演)하다

　나. '-스럽다'(32개): 경탄(敬歎)스럽다, 굴욕(屈辱)스럽다, 권태(倦怠)스럽다, 농담(弄談)스럽다, 변화(變化)스럽다, 불균형(不均衡)스럽다, 속물(俗物)스럽다, 심란(心亂)스럽다, 오해(誤解)스럽다, 유독(有毒)스럽다, 유행(流行)스럽다, 저질(低質)스럽다, 절망(絶望)스럽다, 존경(尊敬)스럽다, 천박(淺薄)스럽다, 충격(衝擊)스럽다, 해학(諧謔)스럽다, 허영(虛榮)스럽다, 현란(絢爛)스럽다, 혼돈(混沌)스럽다, 혼동(混同)스럽다, 희극(喜劇)스럽다 등

　다. '-롭다'(5개): 무위(無爲)롭다, 불화(不和)롭다, 허(虛)롭다, 혼미(昏迷)롭다, 화해(和解)롭다

　라. '-없다'(1개): 필요(必要)없다

　마. '-되다'(3개): 미비(未備)되다, 진실(眞實)되다, 편협(偏狹)되다

부에 견해의 차이가 난 '없다, 같다, 나다, 차다'를 파생접미사로 볼 수 있는지를 검토한다. 여기서의 논의를 통해서 한자어 어근을 형용사로 파생하는 접미사를 그 특성에 따라 3가지 유형으로 분류한다.

3장에서는 각 유형에 해당되는 파생접미사의 형태·의미론적 특성을 살펴본다.

4장에서는 한자어 어근을 자립성과 내적 구조에 따라 분류하고 각 유형 한자어 파생형용사 어근의 자립성과 내적 구조를 분석하여 한자어 파생형용사 어근의 형태론적 특성을 살펴본다. 그리고 한자어 어근과 해당 어근의 중국어 용법과의 상관관계를 살펴본다.

5장에서는 한자어 어근을 의미론적으로 분류하고 각 유형 한자어 파생형용사 어근의 의미론적 특성에 대해서 살펴본다. 그리고 제1유형과 제2·3유형 한자어 파생형용사 어근의 의미론적 차이점을 자세히 살펴보고 이와 같은 차이점이 나타난 이유를 규명한다.

2. 한자어 파생형용사의 어근과 접사

2.1 어근의 개념과 범위

여기서는 먼저 본서에서 사용할 어근의 개념을 규명하고자 한다. 그동안 어근과 어간의 개념에 대한 대표적인 견해에는 이익섭(1975) 과 남기심·고영근(1985/1993)을 들 수 있다. 두 논의의 견해는 다음 과 같다.

(1) 이익섭(1975)

    가. 어근: 굴절 접사와 직접 결합될 수 없으며 동시에 자립형식도 아닌 단어의 중심부.

        예: 깨끗-, 소근-, 眼, 鏡, 草, 木 / 나직-, 거무스름-, 분명-, 총명-

    나. 어간: 굴절 접사(어미)와 직접 결합될 수 있거나 아니면 그 단독으로 단어가 될 수 있는 단어의 중심 부분.

        예: 웃-(웃는다, 웃긴다, 웃음, 우습다), 어깨(어깨동무)

다. 어기: 접사의 對가 되는 단어의 중심부. 어근과 어간을 묶는 이름.

(2) 남기심 · 고영근(1985/1993)

    가. 어근: 복합어(파생어와 합성어 포함)의 형성에 나타나는 실질 형태소.

       - 규칙적 어근: 품사가 분명하고 다른 말과 자유롭게 통합됨.

         예: 신(덧신, 짚신), 높-(드높다)

       - 불규칙 어근: 품사가 명백하지 않음.

         예: 아름-(아름답다), 따뜻-(따뜻하다), 分明-(分明하다), 繁盛-(繁盛하다)

    나. 어간: 활용어의 중심이 되는 줄기 부분. 예: 높-(높다)

이익섭(1975)에서의 어근은 협의적 용어로 "자립형식이 아니"라는 조건이 따른다. 이익섭(1975:5)에서 지적한 것처럼 이와 같은 어근과 어간의 개념은 한 형태소가 동시에 어근도 되고 어간도 되는 불명료성을 피할 수 있는 장점이 있다. 예를 들면 '웃-'은 어디에서든 '웃는다, 웃긴다, 웃음, 우습다'의 어간이 된다.

남기심 · 고영근(1985/1993)에서의 어근은 광의적 용어로 자립성 여부의 조건이 없다. 이에 따르면 동일한 요소가 어간으로도 쓰이고 어근으로도 쓰인다. 예를 들면 '웃는다'의 '웃-'은 어간이지만, '웃긴다, 웃음, 우습다'의 '웃-'은 어근이 된다.

두 가지 견해는 각자 장점과 단점을 가지고 있다. 어근과 어간에 대한 선행 연구를 살펴보면 대개 위의 두 견해 중의 하나를 택하는 경향이었다. 송철의(1992), 김창섭(1996), 노명희(1998, 2009)[1] 등에

---

1) 노명희(2009:67)에서 어근을 "협의의 개념으로 사용하여 비자립적인 요소로서 복합

서 이익섭(1975)의 견해를 채택하였고, 임홍빈·장소원(1995), 최형
용(2002)과 현행 학교문법 등에서 남기심·고영근(1985/1993)의 견해
를 채택하였다.

  본서의 연구 대상인 한자어 어근 파생형용사의 선행 요소 가운데
다음 (3가)와 같은 비자립적 형식뿐만 아니라 (3나)와 같은 자립형식
도 대량으로 있기 때문에 남기심·고영근(1985/1993)의 광의적 어근
개념을 채택하게 된다. 이익섭(1975)의 어근 개념을 수용하면 (3나)
와 같은 자립형식은 문제가 된다. 한 단어 내부에 있는 '선(善), 복
(福), 자연(自然), 건강(健康), 불가능(不可能)' 등을 명사로 보기가 어
렵고 자립어근으로 보는 것이 타당하다고 생각한다.

  (3) 가. 편(便)하다, 귀중(貴重)하다, 적나라(赤裸裸)하다
      나. 선(善)하다, 복(福)스럽다, 자연(自然)스럽다, 건강(健康)하다,
          불가능(不可能)하다

  이익섭(1975)에서의 어근은 자립형식이 아니라는 조건이 있어서
본서에 적합하지 않은 반면, 남기심·고영근(1985/1993)에서의 어근
은 자립성 여부의 조건이 없어서 본서에 적합하다. 남기심·고영근
(1985/1993)의 어근 개념을 수용하면 (3가)와 (3나)의 선행 요소들이
모두 어근이 되고, (3가)의 선행 요소는 비자립어근이 되며 (3나)의
선행 요소는 자립어근이 된다. 또한 최형용(2002:304)에서 지적한 것
처럼 어근과 어간이 동일한 층위에 있는 것이 아니고 상보적 관계도

형식도 포함", 어기를 "파생과 복합과 같은 형태론적 조작이 적용되는 대상"으로 정
의하였다.

아니다. 파생 접사는 단어의 형성에 관여하는 것이고, 굴절 접사는 문장의 형성에 관여하는 것이므로 서로 다른 기제에 의해 운용되는 것이므로 하나의 형태소가 동시에 어근과 어간이 되어도 문제가 되지 않는다고 하였다.

따라서 본서는 남기심·고영근(1985/1993)의 넓은 어근 개념을 수용하여 어근을 "파생이나 합성에서 의미상 중심이 되는 부분"으로 정의한다. 합성에서는 직접 구성 성분이 모두 어근이지만, 파생에서는 직접 구성 성분이 '파생접사가 결합할 때 중심이 되는 부분, 다시 말해 파생접두사에 후행하거나 파생접미사에 선행하는 부분'인 어근과 접사로 이루어진다.2) '정(情)답다, 향기(香氣)롭다, 무차별(無差別)하다' 등 파생어에서 접미사 '-답다, -롭다, -하다'에 선행하는 부분인 '정(情), 향기(香氣), 무차별(無差別)' 등은 모두 어근이다. '무차별(無差別)'의 경우 접두사 '무(無)'와 어근 '차별(差別)'로 구성된 파생 어근이다.

2.2 파생접미사의 확인

파생접미사는 파생어를 만드는 접미사로 어근이나 단어 뒤에 붙어 새로운 단어가 되게 하는 말로 정의할 수 있다. 본서에서의 파생접미사는 조어법상의 개념으로 어근 뒤에 붙어서 새로운 단어를 만드는 어휘적 파생접미사를 가리키며, 통사적 파생의 접미사는 본서의 연구 범위에 해당되지 않는다.3)

---

2) 고영근·구본관(2008:204) 참조.
3) 임홍빈(1989:186)에서 어휘적 의미를 온전히 가지는 것으로 보기 어려운 문법적인 요소가 통사적 구성 뒤에, 통사적인 연결 장치의 도움 없이, 연결되는 것을 통사적

『빈도』(2002)에서 추출된 형용사 중에 한자어 어근에 후행되는 요소는 '~같다, ~궂다, ~나다, ~답다, ~되다, ~롭다, ~맞다, ~스럽다, ~없다, ~쩍다, ~차다, ~하다' 등 12가지로 나타났다.[4] 『빈도』(2002)에서 나타나지는 않지만 선행 연구에서 공통적으로 형용사 파생접미사로 제시된 '~지다'도 한자어와 결합 가능하기 때문에 '~지다'를 추가하면 총 13가지가 된다. 이들 중에 사전에 형용사 파생접미사로 처리되는 것도 있지만 그렇지 않는 것도 있다. 이들 가운데 현행의 대표적 사전인 『새우리말큰사전』(1974)과 『연세한국어사전』(1998),[5] 『표준국어대사전』(1999) 등에 나타난 태도는 다음과 같다.

    (4) 가. 세 사전에 공통적으로 형용사 파생접미사로 실린 것: (7개)
         ~답다, ~되다, ~롭다, ~맞다, ~스럽다, ~지다, ~하다
      나. 세 사전에 공통적으로 형용사 파생접미사로 인정되지 않은 것:
      (2개)
         ~궂다, ~없다
      다. 세 사전에 차이가 난 것: (4개)
         ~같다(『연세』(1998))
         ~나다(『표준』(1999))
         ~쩍다(『새우리말』(1974), 『표준』(1999))
         ~차다(『새우리말』(1974), 『연세』(1998))

파생이라고 명명하였다. 예: 그는 [[우리가 믿는 정치인]답다.
4) 여기서 '~'는 선행 요소 뒤에 오는 어근이나 접사 모두를 포괄하여 표시하는 기호이다.
5) 이하 『새우리말큰사전』(1974)과 『연세한국어사전』(1998)은 『새우리말』(1974)과 『연세』(1998)로 표시한다.

세 사전에서 공통적으로 '~답다, ~되다, ~롭다, ~맞다, ~스럽다, ~지다, ~하다' 등을 파생접미사로 보고 있으며, '~궂다, ~없다' 등을 파생접미사가 아닌 것으로 보고 있다. 그러나 '~같다, ~나다, ~쩍다, ~차다'에 대해서는 형용사 파생접미사로 실린 사전도 있고 실리지 않은 사전도 있다.

그러나 선행 연구에서 제시된 파생접미사를 살펴보면 세 사전과 다른 양상이 나타난다. 예를 들면, 세 사전에서 모두 형용사 파생접미사로 보지 않는 '-궂다, -없다'에 대해서 심재기(1982), 고영근(1989), 하치근(2010) 등에서는 파생접미사로 제시하고 있다.

또한 선행 연구에서 동일한 형태소에 대해서 파생접미사로 본 논저도 있고 파생접미사가 아니라고 주장한 논저도 있다. 본서에서 추출된 후행 요소와 관련된 예를 들면, '-하다'에 대하여 파생접미사로 본 논저도 있고 대동사나 형식동사 등으로 본 논저도 있다. '-없다'에 대하여 이희승(1950:274)과 고영근(1989:588)에서는 파생접미사로 보았지만, 하치근(1983:175)과 임홍빈 외(2001:63), 한길(2006:199) 등에서는 자립적 용언으로 보았다. 또 '-같다'에 대하여 심재기(1982:379)와 고영근(1989:588), 하치근(2010:484)에서는 파생접미사로 보았지만 이익섭 외(1997:127)와 한길(2006:199), 김건희(2007:171)에서는 'X+같다' 형용사를 합성어로 보았다.

이처럼 동일한 형태소가 파생접미사 여부에 차이가 난 것은 파생접미사의 판별 기준에 차이가 있기 때문이다. 따라서 파생접미사의 판별 기준을 설정할 필요가 있다.

고영근(1973, 1989)은 파생접미사의 확인 기준을 다음과 같이 제시하였다. 첫째, 의존성을 띠어야 한다. 둘째, 조사나 형식명사, 어미가 보편성을 발휘하는 데 비해 접미사는 특수성을 띠어야 한다. 셋째,

문법성보다 어휘성을 띠어야 한다. 넷째, 조사나 어미와의 통합에
제약이 없어야 한다.

   (5) -당하다, -되다, -받다, -시키다, -싶다, -없다, -적다, -하다

  (5)에서 제시된 형태소들에 대해서 고영근(1973:77)에서는 이들을
어근에 접미되는 경우에 한정하여 접미사로 처리하고, 나머지의 경
우는 일반적인 용언과 같이 자립형식으로 처리하였다. 즉 자립성이
인정되는 일이 있더라도 경우에 따라 접사로서의 직능을 발휘하는
것은 접미사로 간주한 것이다. 하지만 이에 대해서 하치근(1983:174)
에서는 똑같은 하나의 형태소를 두고 어떤 경우는 접미사로 또 어떤
경우는 자립형식으로 처리하는 것은 접미사의 체계 확립에 혼란을
가져온다고 지적하였다.

  고영근(1973:77) 이후 송철의(1989:20~27), 구본관(1999:13), 하치근
(2010:67) 등에서도 접미사의 변별 기준을 제시하였지만 이들 논의의
목적은 파생접미사와 조사 또는 어미들이 문법적으로 어떻게 차이
나는지를 설명하는 기준을 제시하는 데 있기 때문에 본서의 연구 대
상인 형용사의 한자어 어근 후행 요소가 접사인지 어근인지 판단하
는 데 적합하지 않다. 이에 따라 본서에서는 형용사 파생접미사의
특성 및 판별 기준을 다음과 같이 제시한다.

  첫째, 어근에만 결합 가능해야 된다. 즉 파생접미사는 구를 어근
으로 하지 않는다. 예를 들면 명사구에 결합하여 형용사구를 형성하
는 통사적 기능의 '-답다'는 형용사 파생접미사에서 제외해야 된다.

  둘째, 어근에 결합하여 새로운 형용사를 만드는 조어력이 있어야
된다. 예를 들면 '-하다, -스럽다'처럼 각각 어근 '건강(健康), 친밀(親

密)'과 '고통(苦痛), 잡(雜)' 등에 결합하여 '건강하다, 친밀하다'와 '고통스럽다, 잡스럽다' 등 새로운 형용사를 만들 수 있어야 된다.

셋째, 어근과 파생접미사 사이에 격조사에 의한 분리가 불가능해야 된다. 예를 들면 '사랑스럽다'처럼 ˚사랑이 스럽다, ˚사랑을 스럽다, ˚사랑과 스럽다' 등 어근분리가 불가능해야 된다. 합성어 가운데도 단어 형성 후는 분리되지 않는 것이 있다(예: '색(色)다르다'). 그렇지만 '철없다, 화나다' 등과 같은 합성어들은 '철이 없다, 화가 나다'처럼 분리되어 구의 형식으로 존재하기도 한다. 파생어에서는 이런 현상이 나타나지 않으므로 파생형용사와 합성형용사를 구별하는 기준으로 삼을 수 있다.[6]

넷째, 파생접미사가 어휘 의미를 강하게 띠지 않아야 된다. 해당 형태가 단독적으로 쓰이지 못하거나 또는 단독으로 쓰이는 경우가 있더라도 형태 간의 의미론적 유연성이 확인되지 않는 경우 파생접미사로 볼 수 있다. 예를 들면 '-답다, -롭다, -스럽다' 등은 단독적으로 쓰이지 못하는 전형적인 파생접미사이며, '-맞다'의 경우 '가증(可憎)맞다, 궁상(窮狀)맞다' 등 형용사에서 '-맞다'의 의미는 동사 '맞다(합당하다, 적합하다)'의 의미와 유연성을 찾기 어려우므로 파생접미사로 봐야 된다. 그러나 '-없다'의 경우 '관계(關係)없다, 문제(問題)없다, 끝없다, 틀림없다' 등 형용사에서는 無를 나타내어 용언 '없다'의 의미와 같으므로 파생접미사로 보기 어렵다.

---

6) 셋째의 기준에 따르면 '공부하다'와 같은 경우는 문제가 된다. '공부하다'를 합성어로 보는 입장이라면 문제가 없지만 '공부하다'를 파생어로 보는 경우 '공부를 하다'라는 구문에 대한 추가적 설명이 필요하다. 본서에서는 '공부를 하다'를 '공부하다'가 분리된 결과로 보지 않고 원래부터 존재하는 구문으로 보아 파생어 분리 현상으로 보지 않는다.

2.3 파생접미사의 목록 작성

본 절에서는 앞에서 세운 파생접미사 판별 기준, 즉 후행 요소들의 고유 의미 유무, 자립적 용언으로의 추적 가능 여부, 어근 분리 가능 여부 등에 따라 (4)에서 나타난 후행 요소들을 다음과 같이 어근과 파생접미사로 분류한다.

    (6) 가. 어근: 없다, 같다, 나다, 차다
        나. 파생접미사: -하다, -답다, -롭다, -되다, -스럽다, -쩍다, -궂다,
           -맞다, -지다

이 가운데 (6나)의 파생접미사의 특성에 대해서는 3장에서 자세히 다루기로 하고, 여기서는 주로 형용사에서 나타난 (6가)의 요소들이 파생접미사인지 어근인지에 대해 좀 자세히 살펴보고자 한다.

먼저 형용사에서 나타난 '없다'의 성격을 살펴본다. 이에 관하여 선행 연구에서 세 가지 관점이 있다. '없다'를 파생접미사로 보는 관점, 자립적 용언으로 보는 관점, 파생접미사와 자립적 용언으로 나누어서 보는 관점 등이 그것이다.

우선 형용사에서의 '없다'를 파생접미사로 보는 논저는 이희승(1950), 고영근(1973, 1989), 하치근(2010:493)을 들 수 있다. 이희승(1950: 274)에서 '-없다'는 명사나 명사적인 어원 아래에 붙어서 형용사로 전성하는 일이 있으니 때로는 그 원의('無')를 아주 잃어버리고 마는 경우도 있다고 지적하고 '주책없다, 종작없다, 철없다, 열없다, 시름없다, 객없다' 등 예를 제시하였다. 고영근(1989:588)에서 '시름없다, 객없다, 상없다, 숭없다'에서의 '-없다'는 자립형식과 음상상(音相上)으

로 유사성이 인정되지만 의미상으로 그 유연성을 전혀 인정할 수 없으므로 완전히 접사화한 것으로 봐야 한다고 지적하였다.

형용사에서의 '없다'를 파생접미사와 자립적 용언으로 나누어서 보는 논의는 심재기(1982)를 들 수 있다. 심재기(1982:377~378)에서 동사화소로서의 '없다'의 의미기능을 원의미를 충실하게 반영하는 경우와 원의미의 반어적 의미 즉 '有'에 해당하는 의미를 반영하는 경우로 구분하였다.[7] 전자의 경우 선행 요소와 분리 가능한데(예: 철없다 - 철이 없다) 후자의 경우 선행 요소와의 분리가 불가능하기 때문에(예: 시름없다 - *시름이 없다), 전자의 경우 파생어가 아니라 합성어로 취급할 수 있다고 지적하였다.

'X+없다' 형용사를 합성어로 보는 논저는 하치근(1983), 임홍빈 외(2001), 이승명(2003), 한길(2006) 등을 들 수 있다. 하치근(1983:175)에서 '없다'가 자립형식일 경우에는 본래의 의미를 그대로 드러내고, 불완전어근 뒤나 복합어의 경우에는 본래의 의미에서 다소 차이가 생기는 것은 동일어가 분포 환경에 의해 의미개념이 달라졌을 뿐 기능이 완전히 다른 형태소로 바뀐 것은 아니라고 지적하여 '시름없다' 등을 합성어로 보았다. 이승명(2003)에서 'N+없다'는 'N+이/가+없다'의 통사적 구조가 견고해지면서 주격 표지를 생략하고 어휘화한 것으로 규정하여 'N+없다'를 합성어로 처리하였다.[8] 그리고 임홍빈 외

---

7) 최현배(1961:655)에서도 접사로서의 '-없다'는 "무(無)"의 뜻이 아니라 차라리 "유(有)"의 뜻이라고 지적하였다.

8) 최형용(2006)에서 '값없다, 거침없다, 모나다, 감질나다, 벼락같다, 귀신같다' 등 합성어는 문장에서부터 도출되는 것이 아니라 단어 형성의 고유의 과정으로 설명할 수 있다고 지적하였다. 최형용(2006)에서 이들 합성어가 문장의 구성 요소와 순서가 같은 것은 한국어의 핵-끝머리 속성 때문이라고 지적하였다. 핵-끝머리 원리는 문장뿐만 아니라 파생어 및 합성어에도 두루 적용되는 보편적 원리로 보았다.

(2001:63)와 한길(2006:199)에서도 '형편없다'를 '주어+형용사' 구조의 통사적 합성형용사의 용례로 들었다.[9]

선행 연구에서 '없다'의 성격에 대한 견해가 일치하지 않기 때문에 본서는 『빈도』(2002)에서 추출된 69개의 'X+없다' 형용사에 대한 분석을 통해서 '~없다'의 성격을 살펴보고자 한다. 추출된 'X+없다' 형용사의 선행 요소는 명사류, 부사, 비자립어근 등이 있다.

(7) 가. **명사+없다:** (39개)

관계없다(關係), 맥없다(脈), 문제없다(問題), 분별없다(分別), 상관없다(相關), 소용없다(所用), 손색없다(遜色), 수없다(數), 실없다(實), 여지없다(餘地), 염치없다(廉恥), 유례없다(類例), 인정사정없다(人情事情), 정신없다(精神), 한량없다(限量), 한없다(限), 형편없다(形便)

끝없다, 뜬금없다, 맛없다, 멋없다, 버릇없다, 속없다, 싹수없다, 어이없다, 어처구니없다, 재미없다, 주책없다, 채신없다, 철없다, 터무니없다, 허물없다, 힘없다; 턱없다; 빈틈없다, 채신머리없다, 볼품없다, 쓸데없다, 쓸모없다[10]

---

9) 일반적으로 합성어를 통사적 합성어와 비통사적 합성어로 나뉘는데, 통사적 합성어는 통사적 원리와 상관있는 합성어를 가리키며 비통사적 합성어는 통사적 원리와 상관없는 합성어를 가리킨다. 한길(2006:199)에서는 통사적 합성어는 구성 요소인 어근이 모두 뚜렷한 자립성을 지니고 있는 단어이며(예: 논밭, 눈부시다, 배고프다, 곧잘, 아이 등), 비통사적 합성어는 구성 요소 중에 어느 하나 모두가 자립성을 가지지 않는 합성어로, 구성 요소 중 하나가 단어가 아니거나, 용언 어간끼리 결합하거나, 사이시옷이 실현된 합성이라고 하였다(예: 열-쇠, 오-가다, 검-붉다, 더듬-더듬, 바닷-가).

10) '뜬금'은 '일정하지 않고 시세에 따라 달라지는 값'을 뜻하는 명사이다. '어이'는 '상상 밖의 엄청나게 큰 사람이나 사물'을 나타내는 명사이다(=어처구니).

나. '-ㅁ' 파생명사+없다: (10개)

거침없다, 꾸밈없다, 끊임없다, 다름없다, 변함(變-)없다, 스스
림없다, 아낌없다, 어김없다, 어림없다, 틀림없다

다. 명사구+없다: (6개)

간데없다, 난데없다, 물샐틈없다, 보잘것없다, 온데간데없다,
하잘것없다

(7)은 명사류를 선행 요소로 한 예들이다. 그 중에 (7가)는 명사,
(7나)는 용언 어간에 '-ㅁ'이 붙어서 파생된 명사, (7다)는 명사구를
선행 요소로 하고 있다.[11] 명사류를 선행 요소로 한 '없다' 형용사는
대부분 (8)에서 보이듯이 통사적으로는 격조사에 의해서 분리 가능
하며 의미적으로는 '없다'의 의미가 지배적이다. 이와 같은 특징은
전형적인 형용사 파생접미사 '-스럽다, -롭다' 등과 완전히 다르다.
(9)에서 보여주듯이 '-스럽다, -롭다'는 격조사에 의한 분리가 불가능
하며 의미적으로는 '-스럽다, -롭다'는 어근에 종속적이다.

(8) 가. 문제(問題)없다 문제(가) 없다 문제가 될 만한 점이 없다.
    나. 끝없다   끝(이) 없다   끝나는 데가 없거나 제한이 없다.
    다. 틀림없다   틀림(이) 없다 조금도 어긋나는 일이 없다.
    라. 간데없다   간 데(가) 없다 어디로 갔는지 알 수가 없다.
(9) 가. 자랑스럽다   *자랑(이) 스럽다 남에게 드러내어 뽐낼 만한
                      데가 있다.

---

11) 이 외에 '그지없다'의 '긎+이'처럼 기원적으로 주격조사 '이'가 나타난 용례도 있다.

나. 걱정스럽다　　　*걱정(이) 스럽다　걱정이 되어 마음이 편하지
　　　　　　　　　　　　　　　　　않은 데가 있다.
다. 향기롭다　　　　*향기(가) 롭다　향기가 있다.
라. 풍요롭다　　　　*풍요(가) 롭다　흠뻑 많아서 넉넉함이 있다.

　선행 요소와 '없다' 사이에 격조사에 의해 분리 가능한 점과 '없다'
가 원래의 어휘 의미를 강하게 반영하고 지배적인 역할을 한 점에서
선행 요소가 명사류인 '없다' 형용사들을 파생어로 보기 어렵고 합성
어로 보아야 할 것이다.

　(10) 부사+없다: (5개)
　　　가뭇없다, 까딱없다, 끄떡없다, 다시없다, 더없다

　(10)은 부사를 선행 요소로 한 '없다' 형용사의 예들이다. '끄떡없
다'를 예로 보면, 부사인 '끄떡'은 '고개 따위를 아래위로 거볍게 한
번 움직이는 모양'라는 의미를 나타내고 '끄떡없다'는 '아무런 변동이
나 탈이 없이 매우 온전하다.'라는 의미를 나타내는데 '끄떡'과 '없다'
의 어휘 의미는 모두 강하게 나타내고 있다. 따라서 '가뭇없다'는 파
생어가 아니라 합성어로 봐야 한다. (10)에서의 다른 어휘들도 같은
특징을 지니고 있어 마찬가지로 합성어로 봐야 한다.

　(11) 비자립어근+없다: (9개)
　　　가. 부질없다, 속절없다, 진배없다, 하릴없다, 하염없다
　　　나. 느닷없다, 덧없다, 열없다, 영락(零落)없다

(11)은 비자립어근을 선행 요소로 한 '없다' 형용사의 예들이다. 그 중에 (11가)의 예들은 다음 (12)에서 보여주듯이 '없다'가 '無'의 뜻을 강하게 나타내고 있으므로 합성형용사로 봐야 된다. (11나)에서의 '없다'는 (13)에서 보여주듯이 '無'를 나타내지 않지만 어떤 공통적인 의미를 추출하기가 어려우므로 접미사로 보기가 어려울 것이다.12) 이와 같은 '없다' 형용사가 몇 개밖에 없어서 전체의 '없다' 형용사의 성격을 결정하는 데에 문제가 되지 않는다.

(12) 부질없다: 대수롭지 아니하거나 쓸모가 없다.
　　　속절없다: 단념할 수밖에 달리 어찌할 도리가 없다.
　　　진배없다: 그보다 못하거나 다를 것이 없다.
　　　하릴없다: 달리 어떻게 할 도리가 없다.
　　　하염없다: 시름에 싸여 멍하니 이렇다 할 만한 아무 생각이 없다.
(13) 느닷없다: 나타나는 모양이 아주 뜻밖이고 갑작스럽다.
　　　덧없다: 1. 알지 못하는 가운데 지나가는 시간이 매우 빠르다.
　　　　　　2. 보람이나 쓸모가 없어 헛되고 허전하다.
　　　　　　3. 갈피를 잡을 수 없거나 근거가 없다.
　　　열없다: 1. 좀 겸연쩍고 부끄럽다.
　　　　　　2. 담이 작고 겁이 많다.
　　　　　　3. 성질이 다부지지 못하고 묽다.
　　　영락(零落)없다: 조금도 틀리지 아니하고 꼭 들어맞다.

심재기(1982:377)와 고영근(1989:503, 588)에서 '시름없다, 객없다,

---

12) 그 중에 '영락(零落)없다'는 선행 요소인 '영락(초목의 잎이 시들어 떨어짐)'의 의미와 연관성을 찾기 어렵다.

상없다'에서의 '-없다'는 원의미와 의미상으로 멀기 때문에 이들을 파생어로 보았지만, 본서는 '시름없다'의 경우 '근심과 걱정으로 맥이 없다. 아무 생각이 없다.'의 의미를 나타내어 '없다'가 '無'를 나타낸 것이며, '상(常)없다'의 경우 사전에서 '보통의 이치에서 벗어나 막되고 상스럽다.'로 해석되어 있는데 '상(常)'을 '보통의 이치, 상식' 정도로 이해하면 '없다'의 의미는 역시 '無'인 것이다.13) 따라서 본서는 '없다'를 파생접미사로 보기 어렵다고 판단하게 된다.

선행 연구에서 'X+같다' 형용사의 범주에 대하여 합성어로 보는 논저도 있고 파생어로 보는 논저도 있다. 즉 '~같다'를 실사로 보는 관점과 파생접미사로 보는 관점으로 나눌 수 있다.14)

'-같다'를 파생접미사로 보는 논저는 심재기(1982), 고영근(1989), 하치근(2010) 등을 들 수 있다. 심재기(1982:379)에서 명사나 명사성 어근에 '-같다'를 결합하면 선행 요소가 지닌 특정의 성질 또는 상태를 뜻하는 상태동사가 되는데 '-같다'를 상태동사 '같다'의 의미를 반영하는 접미사로 보았다(예: '쥐뿔같다, 귀신같다, 개코같다; 감쪽같다, 굴왕신같다, 득돌같다'). 그리고 고영근(1989:588)에서 '-같다'는 자립형식과 음상상(音相上)으로 유사성이 인정되지만 의미상으로 그 유연성을 전혀 인정할 수 없으므로 완전히 접사화한 것으로 봐야 한다고 지적하였다(예: '쥐뿔같다, 감쪽같다, 굴왕신같다, 득돌같다').

이와 달리 'X+같다' 형용사를 합성어로 보는 논저는 이익섭 외(1997)와 한길(2006), 김건희(2007) 등을 들 수 있다. 이익섭 외(1997:129)에

---

13) '객없다'는 표준어가 아니므로 이 경우 '-없다'의 뜻을 고찰하지 않았다.
14) 본서는 형태적 구성의 'X같다'만을 연구 대상으로 삼는다. 통사적 구성의 'X 같다'는 본서의 연구 대상에 속하지 않으므로 이에 대하여 따로 논의하지 않는다.

서 '번개같다'를 '부사어+서술어' 구성의 합성형용사로 보고 있으며, 한길(2006:199)에서 '번개같다, 똑같다'를 합성형용사의 예로 들고 있다. 김건희(2007)에서도 '같다'는 분리 가능성, 어기에 대한 의미 지배의 측면에서 아직 형용사 파생접미사로까지 단정할 수 없다고 지적하고, 형태적 구성의 'N같다'는 파생어가 아니라 합성어로 판단하였다. 그리고 김건희(2007:171)에서 형태적 구성의 'N같다'와 통사적 구성의 'N 같다'의 구별 기제를 제시하고 합성어의 충족 요건을 의미적 요건(의미적 융합이 일어남), 통사적 요건(분리 가능성), 형태적 요건(형태소 결합 조건)으로 제시하였는데 그 중에 의미적 융합은 가장 우선시되는 요건이라고 지적하였다.[15]

주지하는 바와 같이 형용사 '같다'는 비교와 비유의 두 가지 의미를 가지고 있다. 『표준』(1999)에서 '같다'의 뜻풀이를 다음과 같이 제시하고 있다.[16]

(14) 같다: 1. 「(…과)」('…과가 나타나지 않을 때는 여럿임을 뜻하는 말이 주어로 온다) 서로 다르지 않고 하나이다. 예: 나는 그와 키가 같다.

2. 「…과」('…과' 성분은 주로 '과'가 생략된 단독형으로 쓰인

---

15) 김건희(2007:171-172)에서 의미적 요건은 어기의 의미와 '같다'의 의미가 만나 새로운 의미가 되는 의미적 융합이 일어나는 것이며, 통사적 요건은 '…와(과) 같다'로 환원할 수 없으며 '안' 부정문 개입할 수 없고 다른 보조사와 결합할 수 없는 것이다. 그리고 형태적 요건은 '-스럽다, -답다' 등 여타의 파생접미사와 결합할 수 없는 것이다. 예: 불같다: 의미적 요건: 성격이 급하고 화를 잘 낸다.
   통사적 요건: [?]그는 성격이 불과 같아서 모두들 피한다.
   형태적 요건: [*]그는 성격이 불스럽다.
16) 사전에서 '같다'의 의미를 '비교'와 '비유' 외에 '추측'의 의미도 제시하고 있는데 이는 본서의 연구 대상에서 나타나지 않아서 제시하지 않기로 한다.

다) 다른 것과 비교하여 그것과 다르지 않다. 예: 백옥 같은 피부.

그 중에 1번 의미는 비교를 나타낸 것이며 2번 의미는 비유를 나타낸 것이다. 사전에서 비유는 "어떤 현상이나 사물을 직접 설명하지 아니하고 다른 비슷한 현상이나 사물에 빗대어서 설명하는 일"이라고 정의하고 있다. 예문 '나는 그와 키가 같다.'의 경우 '나의 키'와 '그의 키'는 동등한 비교 대상이라서 '같다'는 비교의 의미를 나타낸다. 그러나 '백옥 같은 피부'의 경우 '피부'와 '백옥'은 동등한 비교 대상이 아니라 '피부'가 하얗고 매끄러워서 '백옥'의 속성과 비슷해서 '백옥'으로 비유한 것이다.

『표준』(1999)에서 추출된 54개의 'X+같다' 형용사를 선행 요소의 종류에 따라 정리하면 다음 (15)와 같다.

(15) 가. 명사+같다: (44개)

굴왕신같다(屈枉神), 귀신같다(鬼神), 당금같다(唐錦), 목석같다(木石), 벽력같다(霹靂), 분통같다(粉桶), 비호같다(飛虎), 성화같다(星火), 악착같다(齷齪), 전반같다(剪板), 주옥같다(珠玉), 철벽같다(鐵壁), 철석같다(鐵石), 철통같다(鐵桶), 철화같다(鐵火), 추상같다(秋霜)

감태같다, 개좆같다, 개코같다, 굴뚝같다, 꿈같다, 납덩이같다, 다락같다, 똥딴지같다, 무쪽같다, 박속같다, 벼락같다, 불같다, 불꽃같다, 불티같다, 실낱같다, 쏜살같다, 억척같다, 옴포동이같다, 장승같다, 좆같다, 쥐뿔같다, 쥐좆같다, 찰떡같다, 하나같다

금쪽(金-)같다, 떡판(-板)같다, 바둑판(--板)같다, 생파리(生--)같다

나. 부사+같다: (3개)

똑같다, 왕청같다, 한결같다

다. 비자립어근+같다: (7개)

감쪽같다, 끌날같다, 댕돌같다, 득달같다, 득돌같다, 신청부같다, 생때(生-)같다

이들 형용사의 뜻을 살펴보면 '같다'는 비유의 뜻을 나타낸 것이 대부분이지만 비교의 뜻을 나타낸 것도 있다. 예를 들면 '하나같다, 똑같다, 한결같다'에서의 '같다'가 (16)처럼 비교의 의미를 나타내고, '철석(鐵石)같다, 실낱같다, 쏜살같다' 등에서의 '같다'는 (17)처럼 비유의 의미를 나타낸다.[17] '철석같다'는 '철석'의 '단단함', '실낱같다'는 '실낱'의 '가늚', '쏜살같다'는 '쏜살'의 '빠름', '금쪽같다'는 '금쪽'의 '귀함'이라는 속성을 비유적으로 나타낸 것이다.

(16) 가. 하나같다: 예외 없이 여럿이 모두 꼭 같다.

　　나. 똑같다: 모양, 성질, 분량 따위가 조금도 다른 데가 없다.

　　다. 한결같다: 1. 처음부터 끝까지 변함없이 꼭 같다.

　　　　　　　　2. 여럿이 모두 꼭 같이 하나와 같다.

(17) 가. 철석(鐵石)같다: 마음이나 의지, 약속 따위가 매우 굳고 단단하다.

　　나. 실낱같다: 1. 아주 가늘다.

　　　　　　　　2. 목숨이나 희망 따위가 가는 실같이 미미하여 끊어지거나

---

17) 단 '왕청같다'와 '악착같다'의 경우 '같다'의 의미가 불명확하다. '왕청같다'는 '차이가 엄청나다'를 나타내며 '왕청되다'와 같은 말이다. '악착같다'는 의미적 융합이 일어나지 않고 '매우 모질고 끈덕지다.'를 나타내며, 공시적으로는 '악착과 같다'에서 온 것으로도 보기 어렵다. '악착'을 어근으로 한 파생어는 '악착하다, 악착스럽다'가 있다.

사라질 듯하다.

다. 쏜살같다: 쏜 화살과 같이 매우 빠르다.

라. 금쪽(金-)같다: 매우 귀하고 소중하다.

고영근(1989:588)에서 '-같다'가 형용사 '같다'와 의미상 전혀 유연성을 인정할 수 없기 때문에 이를 완전히 접사화한 것으로 처리하였지만, 본서는 'X+같다' 형용사에서의 '같다'가 비교나 비유의 의미를 나타내어 형용사 '같다'와 유연성을 지닌 것으로 보인다.[18]

앞에서는 선행 요소가 명사나 부사인 경우를 살펴보았다. 다음은 선행 요소가 공시적으로 자립성이 없는 경우를 살펴보겠다. '끌날같다'의 선행 요소인 '끌날'은 자립적 어휘로 쓰이지 않지만 사전에서 '끌'은 '망치로 한쪽 끝을 때려서 나무에 구멍을 뚫거나 겉면을 깎고 다듬는 데 쓰는 연장'으로, '날'은 '연장의 가장 얇고 날카로운 부분'으로 해석되어 있으며, '끌날같다'는 '씩씩하고 끌끌하다'로 해석되어 있다. '끌날같다'는 '끌날'의 '날카로움'이라는 속성을 비유하는 것으로 짐작할 수 있다. 이 경우도 형용사 '같다'와 의미상의 유연성을 지닌 것으로 판단된다.

또한 이들 형용사는 대부분 선행 명사와 '같다'가 의미적 융합이 일어나기 때문에 원래의 'X와/과 같다' 구성으로 환원하면 어색해지지만 (18)에서 보이듯이 '귀신과 같다, 불과 같다, 번개와 같다'처럼 분리 가능한 경우도 있다. 이런 분리성은 전형적인 형용사 파생접미사의 특징과 다르므로 '같다'를 완전히 접미사화된다고 보기 어렵다.

---

18) 김건희(2007:169)에서 '-같다'의 의미를 '어기의 속성을 과장되게 비유적으로 나타냄'으로 보았다.

(18) 가. 귀신과 같은 솜씨 (표준국어대사전, 1999)

　　나. 대뜸 불과 같은 분노가 끓어올랐다. (표준국어대사전, 1999)

　　　　평소에는 말이 없고 유순하지만 한 번 화를 내면 그 성질이 불

　　　　과 같아 마을 사람들은 그와의 언쟁을 꺼렸다. (김원일, 불의

　　　　제전)

　　다. 열정은 번쩍이는 번개와 같다. (김문운 역, 성공한 사람들의 리

　　　　더십, 2011:278)

　　　　당시의 충격을 어떤 관리는 "화륜이 순식간에 100리를 달리니

　　　　빠르기가 번개와 같다."고 적었다. (전국역사교사모임 저, 살아

　　　　있는 한국사 교과서, 2012)

선행 연구에서 'X+나다' 형용사를 파생어로 제시하는 논저는 『표
준』(1999), 김정남(2005:34), 한길(2006:174) 등을 들 수 있으며, 합성어
로 보는 논저는 이익섭 외(1997: 129), 임홍빈 외(2001:63), 한길(2006:
199), 최형용(2006:256), 고영근·구본관(2008:239) 등을 들 수 있다.
이들 논저에서 제시된 용례는 각각 (19), (20)과 같다.

(19) 'X+나다' 형용사를 파생어로 제시하는 논저:

　　가. 『표준』(1999): 맛나다, 별나다

　　나. 김정남(2005:34): 별나다, 엄청나다, 유별나다

　　다. 한길(2006:174): 유별나다, 특별나다[19]

(20) 'X+나다' 형용사를 합성어로 제시하는 논저:

---

19) 한길(2006:174)에서 '맛나다'도 파생어로 제시하였지만 한길(2006:199)에서는 이를
　　다시 합성어로 제시하였다. 한길(2006)에서 '맛나다'에 대한 입장이 명확하지 않아
　　여기서는 이 용례를 빼기로 하였다.

가. 이익섭 외(1997:129): 맛나다 – '주어+서술어'

나. 임홍빈 외(2001:63): 못나다, 잘나다 – '부사어+형용사'

다. 한길(2006:199): 못나다, 잘나다 – '부사+형용사'

라. 최형용(2006:256): 모나다, 맛나다, 별나다, 별쭝나다, 세모나다, 엄청나다, 유별나다, 자별나다, 주살나다, 중뿔나다, 출중나다, 특별나다, 잘나다, 못나다, 덜나다, 뻔질나다

마. 고영근·구본관(2008:239): 못나다, 잘나다 – '부사+형용사(동사) 어간'

선행 연구에서 'X+나다' 형용사의 범주에 대한 견해가 일치하지 않으므로 본서는 사전에서 추출된 'X+나다' 형용사에 대한 검토를 통해서 그 범주를 살펴보고자 한다. 『표준』(1999)에서 24개의 'X+나다' 형용사를 추출하였는데 선행 요소의 종류에 따라 분류하면 다음과 같다.[20)]

(21) 가. **명사(8개):** 성미나다(性味), 유별나다(有別), 특별나다(特別),[21)] 네모나다, 맛깔나다, 맛나다, 모나다, 세모나다

나. **관형사(1개):** 별나다(別)

다. **부사(7개):** 덜나다, 못나다, 뻔질나다(번질나다, 뻔찔나다), 엄청나다, 잘나다

_____

20) '-아/어나다'에 의하여 형성된 형용사는 분명한 합성어이므로 본서의 연구 대상에서 제외하였다. 예를 들면 '뛰어나다, 빼어나다, 솟아나다, 치어나다' 등이 그것이다.
21) '유별(有別)'은 '남녀 유별, 남녀가 유별이다.' 등에서와 같이 명사적 용법이 확인되며, '특별(特別)'은 '특별 대우, 특별 기획, 특별 공연, 특별 조치' 등에서처럼 홀로 후행 명사를 수식하는 관형명사의 용법이 확인된다. 관형명사에 대해서 4.1에서 자세히 살펴본다.

라. 비자립어근(8개): 각별나다(各別), 독별나다(獨別), 뚝별나다, 별쭝나다, 자별나다(自別), 주살나다, 중뿔나다(中-), 출중나다(出衆)

『표준』(1999)에서 '-나다'를 "(일부 명사나 명사성 어근 뒤에 붙어) 그런 성질이 있음을 더하고 형용사를 만드는 접미사"로 해석하고 있는데, 이에 따르면 (21가, 나, 라)의 어휘만 파생형용사에 속한다. 그렇다면 『표준』(1999)에서 (21다)의 어휘들을 합성어로 보고 있는 가능성이 크다. 이처럼 수적으로 많지 않는 'X+나다' 형용사의 형성 방식을 두 가지로 나누는 입장은 경제적이지 않다고 본다.

또한 명사를 선행 요소로 한 '모나다'는 다음 (22)에서 보이듯이 주격조사에 의한 분리가 가능하므로 '모나다'를 파생어로 보면 안 될 것이다. 따라서 본서는 (21)에서의 'X+나다' 형용사들을 합성어로 묶어보기로 한다.

(22) 가. 겉보기에는 준수하고 말끔한데 그 속을 들여다보면 깨진 차돌처럼 <u>모가 난</u> 인간이 있다. (윤재근, 살아가는 지혜는 가정에서 배운다, 2004:298)

나. 살다가 힘들어 <u>모가 난</u> 성격 고쳐주시고 그 많은 날의 멍든 응어리 이슬처럼 녹이소서. (마종기, 나를 사랑하시는 분의 손길, 2007:44)

다. 예전의 저는 꽤나 <u>모가 난</u> 성격이어서 주위 어른들께서 열심히 가르쳐 주려고 했는데도 전혀 알아차리지를 못했습니다. (서승철 역, 금전지성, 2007:103)

선행 연구에서 'X+차다' 형용사에서의 '~차다'를 파생접미사로 본 논저는 김계곤(1969), 김정남(2005:34), 하치근(2010:236)을 들 수 있다. 김정남(2005:48)에서 '-차다'는 동사에서 전용되어 형용사 파생접미사의 기능을 한 것으로 보고 있다. 『새우리말』(1974)과 『연세』(1998)에서도 '-차다'를 형용사 파생접미사로 실려 있다. 이들 논저에서 제시된 용례는 다음과 같다.

(23) 가. 『새우리말』(1974): 아름차다, 보람차다

나. 『연세』(1998): 활기차다, 희망차다, 기운차다, 옹골차다, 우렁차다, 매몰차다, 줄기차다

다. 김계곤(1969): 걸차다, 세차다 (고영근, 1989:645 재참조)

라. 김정남(2005:34): 벅차다, 보람차다, 세차다, 알차다, 우렁차다, 줄기차다

마. 하치근(2010:236): 걸차다, 세차다, 길차다, 앞차다, 기장차다, 힘차다, 아름차다, 옹골차다, 당차다, 매몰차다, 벅차다

하지만 본서는 '차다'를 아직 완전히 접미사화된 것으로 단정하기 어렵다고 본다. 그 이유는 두 가지가 있다. 첫째, 'X+차다' 형용사에서의 '차다'가 동사 '차다(가득하게 되다)'의 의미를 강하게 띤 경우는 적지 않다.

(24) 기운차다: 힘이 <u>가득하고</u> 넘치는 듯하다.

활기차다(活氣): 힘이 넘치고 생기가 <u>가득하다</u>.

희망차다(希望): 앞일에 대한 기대가 <u>가득하다</u>.

알차다: 속이 <u>꽉 차</u> 있거나 내용이 아주 실속이 있다.

(24)에서 보여주듯이 '기운차다, 활기(活氣)차다, 희망(希望)차다, 알차다'에서의 '차다'는 '가득하다'나 '꽉 차다'의 의미를 나타내어 동사 '차다'의 의미를 그대로 나타내고 있다. 따라서 이들은 파생어가 아니라 합성어로 봐야 된다.

또한 '앞차다, 당차다, 올차다'처럼 언뜻 보기에는 동사 '차다'의 의미와 거리가 먼 경우도 있지만 다음 (25)에서 보여주듯이 '앞차다'는 '당차다'로 해석되고, '당차다'는 '올차다'로 해석되고, '올차다'는 '기운차다'로 해석되는데 '기운차다'는 (24)에서 보여주듯이 동사 '차다'의 의미를 강하게 띠고 있는 것이다. 결국은 '앞차다, 당차다, 올차다'에서의 '차다'도 동사 '차다'와 의미상의 유연성을 갖고 있다.[22]

(25) 앞차다: 앞을 내다보는 태도가 믿음직하고 <u>당차다</u>.

당차다: 나이나 몸집에 비하여 마음가짐이나 하는 짓이 야무지고

<u>올차다</u>.

올차다: 허술한 데가 없이 야무지고 <u>기운차다</u>.

둘째, 'X+차다' 형용사 중에 선행 요소와 '차다' 사이에 격조사에 의하여 분리 가능한 경우도 있다. 예를 들면 '보람차다, 숨차다'는 (26)에서 보여주듯이 '보람이 차다, 숨이 차다'로 분리할 수 있다. 이밖에 '활기차다, 기차다'도 구 구성인 '활기가 차다, 기가 차다'에서 어휘화

---

22) '숨차다'의 경우도 '숨이 <u>가빠서</u> 숨을 쉬기가 어렵다.'로 해석되어 있는데 '가쁘다'는 '숨이 몹시 차다'의 의미를 지니므로 결국은 '숨차다'도 동사 '차다'의 의미와 유연성을 지니고 있다.

된 합성어로 의심된다.

> (26) 가. 국제적으로는 평화와 관용과 <u>보람이 가득 찬</u> 나라라는 평가도
>   얻게 될 것이다. (백석기, 세계 속의 리얼 코리아, 2010:160)
>   나. 형식은 차마 가르칠 생각이 없다. 가슴이 헐렁헐렁하고 <u>숨이</u>
>   <u>차다.</u> (한승옥, 이광수 문학사전, 2002:454)

'X+차다' 형용사 가운데 선행 요소의 의미가 명확하지 않거나 자립성이 없기 때문에 분석할 수 없는 경우도 많지만, 적어도 '차다'가 동사 '차다'의 의미를 강하게 띠는 경우가 적지 않은 점과 선행 요소와 분리할 수 있는 경우가 있는 점에서는 '차다'를 파생접미사로 보기 어렵다. 따라서 '한자어+차다' 형용사는 본서의 연구 대상에서 제외된다.

이상의 검토 결과 선행 연구에서 파생접미사 여부에 의견 차이가 있던 '없다, 같다, 나다, 차다' 등은 파생접미사가 아닌 것으로 보았다. 나머지의 검토 대상은 (27)에서 보여준 것들인데 이들은 모두 파생접미사로 보인다. 이에 대해서 3장에서 자세히 언급하고자 한다.

> (27) -하다, -답다, -롭다, -되다, -스럽다, -쩍다, -궂다, -맞다, -지다

아울러 이들 접미사는 형태·의미론적 특성을 고려할 때 다음과 같이 세 가지 유형으로 나눠볼 수 있다.

> (28) 제1유형: -하다

제2유형: -답다, -롭다, -되다, -스럽다

제3유형: -쩍다, -궂다, -맞다, -지다

　제1유형 '-하다'는 다른 접미사와 달리 아무런 고유 의미도 지니지 못하고 또한 생산성이 가장 높은 접미사이다. 제2유형 '-답다, -롭다, -되다, -스럽다'는 고유 의미를 지니고 기원적·의미론적으로 서로 관련성이 있는 전형적인 파생접미사들이다. 제3유형 '-쩍다, -궂다, -맞다, -지다'는 고유 의미를 지니고 있지만 제2유형과는 형태론적·기원적으로 다른 접미사들이다. 각 유형 파생접미사의 특성에 대해서 3장에서 자세히 살펴본다.

3. 한자어 파생형용사 형성 접미사의 특성

3.1 제1유형 파생접미사

'-하다'는 한국어에서 수많은 동사성이나 상태성을 지닌 명사나 비
자립어근을 서술 기능을 할 수 있게 만드는 요소로서 많은 관심을
받아오고 이에 관해서 많은 연구 성과가 창출되었다. 지금까지 '-하
다'에 대한 견해는 어휘론의 입장에서 본다면 크게 묶어 보는 견해와
나누어 보는 견해로 나눌 수 있다.

'-하다'를 나누어 보는 견해의 대표적인 논저는 박승빈(1935), 채희
락(1996), 고재설(1999) 등을 들 수 있다. 박승빈(1935:198)에서 '서늘
하다, 공평하다'와 '사랑하다, 활동하다'에서의 '하'를 각각 형용사 '하'
와 동사 '하'로 보고 있다. 형용사 '하'는 사물의 무슨 특정한 상태를
표시하는 의의(意義)를 함유하지 않고 오직 상태를 표시하는 의미
즉 형용사의 세(勢)만을 표시하는 단어라고 지적하였으며, 동사 '하'
는 사물의 무슨 특정한 동작을 표시하는 의의를 함유하지 않고 오직
동작을 표시하는 의미 즉 동사의 세만을 표시하는 단어라고 지적하

였다. 고재설(1999)에서도 동사'하다'와 형용사 '하다'를 나누어 보는 입장이었다.

채희락(1996)에서 먼저 '하다'를 기능에 따라 주술어와 경술어로 나누고, 각각 다시 동사적인 것과 형용사적인 것으로 나누고, 이들 4가지 기능을 다시 형태에 따라 명사/어근에 후행하는 것과 부사에 후행하는 것 2가지로 나누고, 이들 각각 다시 단어, 의사어, 접미사 등 3가지로 나눴다. 결과적으로 24가지의 특성을 갖는 것으로 나누어서 설명하였다. 결국은 'X하다'의 '하다'를 경동사, 경형용사, 동사 파생접미사, 형용사 파생접미사 등으로 나누는 입장이었다.

하지만 '-하다'를 나누어 보는 견해가 소수에 불과하고 대부분의 논저는 '-하다'를 묶어 보는 견해를 보인다. '-하다'를 묶어 보는 견해를 정리하면 주로 본동사, 대동사, 형식동사, 파생접미사, 무의미한 접사 등으로 보는 견해로 나눌 수 있다. 무의미한 접사로 보는 것도 의미를 인정하지 않을 뿐 역시 접미사로 본 것이라고 할 수 있다. 따라서 여기서는 '-하다'를 묶어 보는 입장을 크게 동사로 보느냐 접미사로 보느냐 두 가지로 나눠서 살펴보고자 한다.

먼저 '-하다'를 동사로 보는 논의를 살펴보겠다. 대표적으로는 김계곤(1969), 송병학(1974), 서정수(1975, 1991), 이창덕(1984), Park, B. (1974, 1981) 등을 들 수 있다.

김계곤(1969:127)에서는 '일하다, 가난하다'의 '-하다'를 움직씨로 보고, '가난하다'의 경우에는 '-하다'가 움직씨의 성분을 유지하는 힘을 잃었다고 보았다. 송병학(1974)에서는 선행 명사를 동사화하는 '-하다'를 대동사로, 그 밖의 다른 품사를 동사화하는 '-하다'를 대리동사로 보았다. 이창덕(1984)에서 '하다'는 모든 동사를 대신에 쓰일 수 있는 상위 개념의 어휘로, 동작 동사를 대신하는 '하다'는 '무엇

(을) 하'로, 상태동사를 대신하는 '하다'는 '어떠하'로 나타나는데, 전자는 동작 대동사 후자는 상태 대동사라고 하였다.

또한 Park, B.(1974, 1981)에서는 '학생이 숙제를 한다.'와 같은 경우에 '하다'가 '행동성'의 의미가 있다고 내세웠으며 '하다'가 모든 환경에서 본동사라고 보았다. 하지만 이와 같은 견해에 대해서 서정수(1991:487)에서는 '하다'가 '행동성'의 의미가 있다고 한다면 '숙제'와 비슷한 '과제, 문제' 등은 물론 어떤 선행어도 동사처럼 쓰이게 하는 기능이 있어야 하는데 실제로는 그렇지 않다고 지적하고, '하다' 자체에 '행동성'의 의미 기능을 부여하는 것이 부적당하다고 지적하였다.

서정수(1975)에서 '하다'의 본질적 기능을 '형식동사(empty verb)'와 '대동사(pro-verb)' 두 가지로 나누고, 동작성이나 상태성 등의 비실체성 어근에 붙인 '하다'를 형식동사로 보았다. 후에 서정수(1991)에서는 '하다'는 그 자체로서 실질적인 의미가 없는 허형태임을 재확인하였고, 서정수(1975)에서 제시한 '형식동사'를 '문법형식 대행 기능'으로 보완하였다. 이것은 '하다'가 동작성이나 상태성 등의 비실체성 선행어와 결합할 경우에 드러내는 형식의 대행 기능이며, 이 경우에 '하다'는 선행어가 드러내는 의미적 서술 기능에 대하여 문법적 형식만을 갖추어 주는 대행 구실을 한다고 하였다.

다음은 '-하다'를 접미사로 보는 입장을 살펴보겠다. 대표적인 논저는 최현배(1935), 고영근(1973, 1989), 심재기(1982), 김창섭(1984, 1996), 임홍빈(1989), 김정남(2005), 한길(2006), 하치근(2010) 등을 들 수 있다.

최현배(1935:654)에서 '하다'를 붙여서 움직씨로 된 것에서는 그 '하다'를 한 딴 움직씨로 보기가 어렵지 않지만, 그림씨로 된 것에서는 그 '하다'를 한 딴 그림씨로 보기가 매우 어려운 일이라고 지적하였으며, 한 말만드는 씨가지로 봄이 훨씬 편리하다고 지적하였다.

이렇게 보면 움직씨의 '하다'와 그림씨의 '하다'가 서로 꼭 같은 형식의 것, 즉 두 가지를 한 가지 법으로 처리함이 옳기 때문에 한가지로 씨가지로 보았다고 하였다.

고영근(1973:77)에서 '-하다'를 파생접미사로 보고 '-하다'는 체언적 어근 및 불규칙적 어근이나 상징적 부사 어근에 붙어 형용사를 만드는 조어법을 확인할 수 있다고 하였다.[1) 심재기(1982:356)에서도 '-하다'가 구체적 동사의 의미를 내재하지 않은 채 단순히 통사적으로 서술어로서의 기능을 수행하도록 한다는 특성에 근거하여 '-하다'를 '서술기능완결소'로 명명하고 파생접사의 범주에 묶어두었다. 즉 '운동하다'와 같은 동사에서 접미사 '-하다'는 자신이 원래 가지고 있는 서술 기능에 '운동'으로부터 복사투영해 온 의미를 실어 서술을 완결한다는 것이다. 김창섭(1984:152)에서도 심재기(1982)의 견해를 받아들여 '-하다'를 서술기능완결소로 보았다.

임홍빈(1989)에서는 '-하다'가 어근의 의미적 특성에 따라 동사적 성질을 가지기도 하고 형용사적 성질을 가지기도 하는데 실질적 어휘는 이런 특성을 가지지 않으므로 '-하다'를 접미사로 처리하였으며, 남지순(2007:85)에서는 '-하다'를 기능형용사와 비대응 관계의 형용사접미사로 처리하였다.[2) 이 외에 고영근(1989:601), 임홍빈 외

---

1) 규칙적 어근은 품사가 분명하고 다른 말과 자유롭게 통합될 수 있는 어근을 가리키면(예: 신(덧신, 짚신), 높-(드높다)), 불규칙적 어근은 품사가 명백하지 않은 어근을 가리킨다(예: 아름-(아름답다), 따뜻-(따뜻하다)). 남기심 · 고영근(1985/1993) 참조.
2) 남지순(2007:85)에서 형용사접미사를 3가지 유형으로 나누었다.
   ① 기능형용사와 비대응 관계의 형용사접미사: '-하다/스럽다' 유형
   ② 기능형용사와 상보적 관계의 형용사접미사: '-답다/같다/이다' 유형
   ③ 기능형용사와 평행적 관계의 형용사접미사: '-있다/없다' 유형
   '기능 형용사(adjectif support)'는 '기능 동사(verb support)'처럼 문장 내에서 진정한 술어 성분을 수반하는 일종의 문법적 장치로서 시제나 양태 등을 표현하기 위해 사

(2001:56), 김정남(2005:34), 한길(2006:174), 고영근 · 구본관(2008:222), 하치근(2010:484) 등에서도 파생어나 파생접미사를 다루면서 '-하다'를 파생접미사로 제시하였다.

본서에서도 형용사에서의 '-하다'를 파생접미사로 보고자 한다. 그 이유는 다음과 같다.

첫째, '-하-'는 본디 한문 등에 붙여 쓰는 구결이나 토이었다.[3] 선행 한자어들이 한문에서는 형용사로 사용되었지만 한국말로 해석할 때 그에 맞는 고유어를 찾지 못해서 선행 어구에 서술적 용법을 부여하는 기능동사 '하다'를 붙여서 사용되었다가 후대 한국어에서 '하다'가 어근을 형용사로 파생시키는 접사로 기능이 변한 것으로 보인다. 따라서 형용사에서의 '-하다'는 아무런 독자적 의미를 지니지 못하고 단순히 어근을 형용사로 만드는 기능만을 한다. 동사를 만드는 '-하다'도 형용사를 만드는 '-하다'와 동일한 과정으로 통해 어근을 동사로 파생하는 기능을 한다. 예를 들면 '행복(幸福)하다'가 형용사가 되는 것은 '행복'이 상태성을 지니기 때문이고 '운동(運動)하다'가 동사가 되는 것은 '운동'이 동작성을 지니기 때문이다.

둘째, '-하다' 형용사의 경우 어근이 명사성 자립어근이더라도 격조사에 의한 분리가 불가능하다(1가). '-하다' 형용사의 어근이 보조사에 의한 분리 현상을 관찰할 수 있지만 이들 보조사는 격조사와 달리 비자립어근과도 결합하는 특징을 보인다(1나). 남지순(2007: 88)에서 지적한 것처럼 '불행-(은+도+만) 하다'는 두 개의 통사적 단위가 아니라 단일 성분으로서 이와 같은 보조사에 의해 대조나 강

용되는 형태를 일컫는다고 하였다.
3) 예문: 子曰 弟子ㅣ 入則孝ᄒ고 出則弟ᄒ며, 謹而信ᄒ며, 汎愛衆호되 而親仁이니, 行有餘力이어든 則以學文이니라(윤만근, 1982:127).

조, 배타적 해석을 받게 된 것이다.[4]

(1) 가. 불행(不幸)하다 - *불행이 하다, 건강(健康)하다 - *건강이 하다
　　　가능(可能)하다 - *가능이 하다, 행복(幸福)하다 - *행복이 하다
　　나. 불행(不幸)하다 - 불행은 하다, 불행도 하다, 불행만 하다
　　　유명(有名)하다 - 유명은 하다, 유명도 하다, 유명만 하다
　　　거창(巨創)하다 - 거창은 하다, 거창도 하다, 거창만 하다

셋째, 형용사에서의 '-하다'는 형태론적으로 다른 전형적인 형용사 파생접미사 '-롭다, -스럽다'와 평행한 행위를 보인다.[5] (2, 3)에서 보이듯이 '-하다'는 '-롭다, -스럽다'처럼 명사성 자립어근이나 비자립어근에[6] 결합하여 형용사를 만들 수 있으며 그 중에 셋이 동일 어근에 결합하여 형용사를 만드는 경우도 있다. '-롭다'와 '-스럽다'는 한국어에서의 전형적인 형용사 파생접미사이므로 이들과 평행한 행위를 보인 '-하다'도 형용사 파생접미사로 보아야 할 것이다.

(2) 가. 신비(神秘)하다, 부자유(不自由)하다, 독하다(毒), 부하다(富),
　　　곤란하다(困難)

---

4) '-하다' 동사의 경우 어근이 명사성 자립어근이면 격조사 '를/을'에 의한 분리가 가능하다(예: 연구(研究)하다 - 연구를 하다). 본서에서는 '연구를 하다'를 '연구하다'가 분리된 결과로 보지 않고 원래부터 존재하는 구문으로 보아 파생어 분리 현상으로 보지 않는다. 물론 모든 '-하다' 동사가 모두 '를/을'에 의해서 분리할 수 있다는 것이 아니다. 선행 요소가 1음절인 'X하다' 동사 중에서 분리가 안 된 것도 있지만(예: 금(禁)하다 - *금을 하다, 변(變)하다 - *변을 하다), 대부분의 '-하다' 동사가 '를/을'에 의해서 분리할 수 있다. 이와 달리 '-하다' 형용사는 음절수와 상관없이 모두 '이/가, 를/을'에 의한 분리가 불가능하다.
5) 김창섭(1996:158) 참조.
6) 어근의 자립성 분류는 4.1 참조.

나.　신비(神秘)롭다, 부자유(不自由)롭다, 의롭다(義), 이롭다(利),
　　　　　예사롭다(例事)

　　　다.　신비(神秘)스럽다, 부자유(不自由)스럽다, 경사(慶事)스럽다, 호
　　　　　기(豪氣)스럽다

　(3)　가.　번화(繁華)하다, 한가(閑暇)하다, 귀하다(貴), 급하다(急), 비겁
　　　　　하다(卑怯)

　　　나.　번화(繁華)롭다, 한가(閑暇)롭다, 공교롭다(工巧), 다채롭다(多
　　　　　彩)

　　　다.　번화(繁華)스럽다, 한가(閑暇)스럽다, 수상(殊常)스럽다, 겸연
　　　　　(慊然)스럽다

　　따라서 본서에서 형용사에서의 '-하다'를 파생접미사로 보고, '-하
다'는 아무런 고유 의미도 지니지 못하고 단순히 어근의 의미를 그대
로 투영하여 어근을 형용사로 파생하는 기능만 하는 접미사이다.[7]
이와 같이 '-하다'가 고유의 의미를 가지고 있지 않기 때문에 선행 어
근이 [상태성]의 의미 자질이 반드시 요구되는 것으로 보인다. 이에
대해서 5장에서 자세히 살펴본다.

3.2 제2유형 파생접미사

　　'-답다, -롭다, -되다, -스럽다'는 기원적으로 밀접한 상관성이 있는
접사들이다. 현대한국어의 형용사 파생접미사 '-답다, -롭다, -되다'는

---

　7) 동사에서의 '-하다'도 형용사에서의 '-하다'와 동일하게 어근을 동사로 만드는 파생접
　　미사이다.

동일한 기원을 가지는 것으로 알려져 있으며,[8] 15세기에 이들은 다양한 이형태를 가지고 있었다. 구본관(2007)에서 15세기 이후 근대한국어에 이르기까지의 접미사 '들'의 형태변화를 다루었는데, 15세기 한국어에서의 '들, 룷, 딥, 룹, ᄃ뵝, ᄅ뵝, ᄃ외, 롭, 로외, ᄃ오, ᄅ오, 로오' 등 다양한 이형태를 제시하였다. 그 중에 'ᄅ뵝, 룷'은 'ᄫ'의 소실, 'ㆍ〉ㅗ'의 변화 등을 경험하면서 근대한국어 단계에서 '-롭/로오-'로 변하였으며, 'ᄃ뵝, 딥'은 'ᄫ'의 소실, 'ㆍ〉ㅏ'의 변화, 'ᄃ외〉되'로의 축약 등을 경험하면서 근대한국어 단계에서 '-답/다오-'와 '-되-'로 발달하였다고 하였다. 결론적으로는 중세한국어 단계에서 '들'의 이형태로 볼 수 있었던 요소들이 근대한국어를 거쳐 현대한국어의 단계에 이르면서 통시적인 변화를 걸친 결과 '-답-', '-롭-', '-되-'로 나타나게 되었다는 것이다. 그리고 '-스럽다'는 근대한국어(18세기)에 와서 등장한 파생접미사로,[9] 부분적으로 중세한국어의 '-딥(답)/룹(롭)-'이 수행하던 의미기능을 이어받은 것이다.[10] 본서에서는 이런 점에서 이들을 제2유형 접미사로 분류하여 다룬다.

먼저 '-답다'의 특성을 살펴보겠다. 현대한국어에서의 '-답다'에 관

---

8) 심재기:1982, 김창섭:1984, 송철의: 1992, 구본관:1998, 구본관:2007 등 참조. 심재기 (1982:366)에서 다음 예문 (가, 나)는 현대한국어의 '-되다'에 대응하는 용례이며 예문 (다)는 현대한국어의 '-답다'에 대응하는 용례라고 하여 '-되다'와 '-답다'는 상태성 시현(示顯)이라는 의미기능상의 공통 특질을 지닌다고 지적하였다.
   가. 사르민가 사름 아닌가 ᄒ야 疑心ᄃ뵝니 (月釋 一 15)
   나. 즐굽ᄃ뵌 ᄆᆞᅀᆞ미 다 스러디거늘 (釋詳 六 9)
   다. 得道ᄒᆞᆫ 사르믄 吉慶ᄃ뵝 너겨 (月釋 十 14)
9) 이기문(1998:217)에서 18세기에 '-스럽-'이 출현하였다고 지적하였다. 안병희(1967: 251)에서 '-스럽다'는 근대한국어의 색채어(色彩語)에 나타나는 '-스러ᄒ-(淡)와 관련이 있다고 보았으며, 심재기(1982:380)에서도 '-스럽다'는 '{-스러-}+{-ㅂ-}'으로 분석될 가능성이 있다고 하였다.
10) 이현규(1982), 송철의(1992:204) 참조.

하여 먼저 주의해야 할 것은 '-답다'는 두 가지 종류가 있다는 것이다. 이는 김창섭(1984)에서 처음으로 지적한 것이었다. 김창섭(1984)에서 현대한국어의 '-답다'를 명사구에 접미해서 형용사구를 형성하는 통사론적 기능의 '-답$_1$-'(예: 그는 [[우리가 믿는 정치인]답다.)와 명사나 어근을 어기로 형용사를 파생하는 파생 기능의 '-답$_2$-'(예: 꽃답다, 정(情)답다, 아름답다)로 나누었다.[11] 그 중에 '-답$_2$-'만 본서의 연구 대상에 해당된다.[12]

『표준』(1999)에서 8개의 '-답다' 파생형용사만을 추출하였다(예 4)는데 이를 통해서 파생접미사 '-답다'는 현대한국어에서 전혀 생산성을 갖지 못하는 점을 확인할 수 있다.

    (4) 꽃답다,[13] 아름답다, 참답다, 실답다(實), 정답다(情), 시(實)답다,
        예(禮)답다, 예모(禮貌)답다 (8개)

그리고 이들 용례의 어근은 모두 긍정적 의미를 지닌다. 다만 선행 연구에서 파생접미사 '-답다'의 어근은 끝소리가 자음이라는 제약을 가진다고 하였는데,[14] 모음으로 끝나는 '예(禮)답다, 예모(禮貌)답다'도 추출하였다.[15] '예(禮), 예모(禮貌)'는 '예를 갖추다, 예모가 바

---

11) '-답$_1$-'과 '-답$_2$-'의 차이점에 대해서 김창섭(1984:149~150), 송철의(1992:210~211), 고영근 · 구본관(2008:224) 등에서 자세히 다루었다.
12) 이하는 파생접미사 '-답$_2$-'을 '-답다'로 표기한다.
13) 파생형용사로서의 '꽃답다'는 관형형으로만 쓰이고 서술어로 쓰이지 못한다(예: 꽃다운 청춘, 꽃다운 처녀, 꽃다운 나이, *청춘은 꽃답다.). 서술어로 쓰인 '꽃답다'도 있는데 이때의 '-답'은 통사론적 기능의 '-답'이다(예: 들국화는 [가을에 피는 꽃]답다.).
14) 김창섭(1984:150), 송철의(1992:210), 고영근 · 구본관(2008:224) 등 참조.
15) '시(實)답다'의 어근 '시'는 '실(實)'의 'ㄹ' 탈락형이므로 제외하였다. 김창섭(1984:149)에서도 '시답다(實)'에서 "공시적으로는 '-답'을 분석해 낼 수 없"다고 지적하였다.

르다'에서 보이는 바와 같이 자립성을 가진 명사들이다. 따라서 본서에서 '-답다'는 공시적으로 어근의 끝소리가 자음이라는 경향성을 가진다고 본다.

일반적으로 '-답다'가 나타내는 의미는 "그만한 자격이 충분히 있음"(송철의:1977)이나 "(어기의) 속성이 풍부히 있음"(김창섭, 1984: 150) 정도로 알려져 있다. 『표준』(1999)에서 '-답다' 및 '-답다' 파생형용사의 뜻풀이(예 5)를 통해서 '-답다'의 의미는 "어근의 속성이 풍부히 있음" 정도임을 확인할 수 있다.

(5) 가. -답다: (일부 명사 뒤에 붙어) '성질이나 특성이 있음'의 뜻을 더하고 형용사를 만드는 접미사.
    나. 꽃답다: (흔히 '꽃다운' 꼴로 쓰여) 꽃과 같은 아름다움이 있다.
       참답다: (주로 '참다운', '참답게' 꼴로 쓰여) 거짓이나 꾸밈이 없이 진실하고 올바른 데가 있다.
       실(實)답다: 꾸밈이나 거짓이 없이 참되고 미더운 데가 있다.

'-롭다'는 역시 '-답다'처럼 명사성 자립어근이나 비자립어근과 결합하여 형용사를 파생하는 접미사이다. 『표준』(1999)에서 105개의 '-롭다' 파생어를 추출하였는데 그 중의 일부를 예로 들면 (6)과 같다. (6가)는 어근이 한자어인 예이며, (6나)는 어근이 고유어인 예이며, (6다)는 어근이 혼종어인 예이다. (6가)와 (6나) 중에 각각 명사성 자립어근('경사(慶事), 수고')과 비자립어근('한가(閑暇), 애처')이 있다.

(6) 가. 가소롭다(可笑), 건조롭다(乾燥), 공교롭다(工巧), 다채롭다(多彩), 단조롭다(單調), 부자유롭다(不自由), 순조롭다(順調), 신

기롭다(神奇), 신비롭다(神祕), 여유롭다(餘裕), 위태롭다(危
殆), 유해롭다(有害), 의롭다(義), 의외롭다(意外), 이롭다(利),
자유롭다(自由), 정교롭다(精巧), 지혜롭다(智慧), 평화롭다(平
和), 폐롭다(弊), 풍요롭다(豐饒), 한가롭다(閑暇), 해롭다(害),
향기롭다(香氣), 호기롭다(豪氣), 호화롭다(豪華), 흥미롭다(興
味) ⋯ (80개)

나. 괴롭다, 까다롭다, 날카롭다, 다사롭다, 대수롭다, 따사롭다, 맵
시롭다, 번거롭다, 보배롭다, 새롭다,[16] 수고롭다, 수나롭다,
슬기롭다, 애처롭다, 외롭다, 잔조롭다, 재미롭다, 정가롭다, 조
마롭다, 종요롭다, 주저롭다, 팽패롭다, 허수롭다[17] (23개)

다. 의초롭다(誼-), 표차롭다(表-)[18] (2개)

이들 형용사 어근의 끝소리가 예외 없이 모두 모음이다. 그 중에
'까다롭다, 날카롭다'의 어근은 각각 '까닭, 날칼'로부터 어말자음이
탈락해서 얻어진 형태이다.[19] 이는 '-롭다'가 통시적으로 '-답다'와 이
형태 관계였다는 것과 관련이 있다.[20]

'-롭다'는 '-답다, -되다'보다 많은 어휘에서 나타나지만 현대한국어
에서 생산성이 높다고 하기가 어렵다. 그 이유는 '-롭다' 어근의 음운

---

16) '새롭다'에 대해서 송철의(1992:207)에서 '새'가 명사로 기능하던 시기에 그 명사를
어기로 형성되었던 것이 어휘화하여 현대한국어까지 이어져 온 것으로 보았다.

17) 이외에 '괴까다롭다, 꾀까다롭다, 외따롭다'도 있지만 사전에서 이들을 '괴-까다롭다,
꾀-까다롭다, 외-따롭다'로 보고 있어서 '-롭다' 파생어에서 제외하였다.

18) 어원에 대한 정보는 『표준』(1999)을 참조하였다.

19) 심재기(1982:382) 참조.

20) 중세한국어에서의 '-롭-'과 '-둡-'은 음운론적으로 결정되는 한 형태소의 이형태들이었
는데 '-롭-'은 모음 뒤에, '-둡-'은 자음 뒤에 연결되었다. 현대한국어에서의 '-롭-'은
'-롭-'으로부터 발달한 것이므로 '-롭다'도 모음으로 끝나는 어근과만 결합한다.

론적 제약과 관련이 없지 않다. 이에 대해서 고영근·구본관(2008: 223)는 '-롭다'는 어근의 끝소리 제약 등으로 인하여 대부분의 기능이 '-스럽다'에 물려준 것으로 보고 있다.

김창섭(1984:58)에서 '폐(弊)롭다, 수고롭다'가 각각 '폐(弊)스럽다, 수고스럽다'에 밀려 사어(死語)가 되어가고 있는 근거로 '-롭다'는 현대한국어에서는 거의 생산성을 상실하여 새로운 파생어를 만들 능력이 없다고 지적하였다. 하지만 민현식(1984)에서 '간사(奸邪)롭다, 경이(驚異)롭다, 괴이(怪異)롭다, 의아(疑訝)롭다, 인자(仁慈)롭다, 정의(正義)롭다, 풍요(豊饒)롭다' 등이 신조어로 성립 가능하기 때문에 '-롭다'가 공시적으로 생산성이 있다고 보았다. 본서는 '경이(驚異)롭다, 인자(仁慈)롭다, 정의(正義)롭다, 풍요(豊饒)롭다' 등의 신조어가 『표준』(1999)에 실려 있는 것으로 보아 '-롭다'는 생산성이 아직까지 유지되는 것으로 본다.

'-롭다'와 '-답다'는 음운론적으로 결정되는 이형태였으므로 '-롭다'의 의미도 '-답다'처럼 "어근의 속성이 풍부히 있음" 정도일 것이다. 예를 들면 '감미(甘味)롭다'는 '달다'와 같은 단맛의 속성이 풍부하다는 뜻이고, '광휘(光輝)롭다'는 '빛이 밝다'와 같은 광휘의 속성이 풍부하다는 뜻이다.[21]

동일한 어근에 '-롭다'와 '-하다'를 결합하여 이루어진 형용사(예 7)의 의미를 비교해 보면 '-하다'는 독자적인 의미가 없이 단순하게 그 어근을 형용사가 되게 하는 반면에, '-롭다'는 그 어근의 속성이 '풍부하다고 판단됨'이라는 의미를 더하면서 어근을 형용사화하는 것이

---

[21] 송철의(1992:209)에서도 '의(義)롭다, 자유(自由)롭다, 슬기롭다'의 의미는 대체로 '의리가 있다, 자유가 있다, 슬기가 있다'이므로 '-롭다'의 의미는 '(어기의) 속성이 풍부히 있음'으로 파악하였다.

다. 따라서 김창섭(1996:175)에서 '-하다'는 판단의 양상에 대해 말하는 바 없지만 '-롭다'는 '주관적 판단'이라는 판단 양상이 부각된다고 지적하였다.

(7) 신기(神奇)하다/롭다, 유해(有害)하다/롭다, 풍요(豊饒)하다/롭다,
    건조(乾燥)하다/롭다, 공교(工巧)하다/롭다, 다채(多彩)하다/롭다,
    단조(單調)하다/롭다, 위태(危殆)하다/롭다, 정교(精巧)하다/롭다

다음은 '-되다'의 특성을 살펴보겠다. 『표준』(1999)에서 41개의 '-되다' 파생형용사를 추출하였는데 그 중에 어근이 고유어인 것은 21개가 있으며 어근이 한자어인 것은 20개가 있다(예 8).22) 이를 통해서 현대한국어에서 '-되다'의 생산성이 앞에서 살펴본 '-롭다'보다 더 낮다고 할 수 있다.

(8) 가. 거짓되다, 고되다, 공변되다, 둘되다, 보동되다, 보람되다, 볼되다,
        불되다, 새되다, 설되다, 숫되다, 쌍되다, 암되다, 앳되다, 엇되
        다, 올되다, 좀되다, 참되다, 풋되다, 한갓되다, 헛되다 (21개)
    나. 망령되다(妄靈), 복되다(福), 삿되다[邪], 삿되다[私],23) 상되다
        (常), 생되다(生), 세련되다(洗練/洗鍊), 속되다(俗), 순되다(順),
        어중되다(於中), 영광되다(榮光), 외람되다(猥濫), 욕되다(辱),
        유감되다(遺憾), 잡되다(雜), 졸되다(卒), 충만되다(充滿), 충성

---

22) 이밖에 '다되다, 덜되다, 막되다, 못되다, 안되다, 오래되다, 왕청되다' 등 형용사도
   있는데 이들 형용사에서의 '되다'는 기원적으로 접미사 '-둏-'에서 온 것이 아니라 동
   사 '되다'에서 온 것이므로 파생형용사가 아니라 합성형용사로 봐야 된다.
23) '삿[邪], 삿[私]'에서의 'ㅣ'은 어원을 표시한 것이다. 下同

되다(忠誠), 편벽되다(偏僻), 허황되다(虛荒) (20개)

위에 제시된 형용사의 어근을 살펴보면 '-되다'는 비록 생산성이 낮지만 명사성 자립어근('거짓, 망령(妄靈), 복(福)')과 비자립어근('공변, 순(順), 편벽(偏僻)') 뒤에 모두 결합할 수 있다.

어근의 끝소리를 보면 모음으로 끝나는 것은 '고되다, 새되다' 2개밖에 없으며 나머지는 모두 자음으로 끝나는 것이다. 특히 한자어 어근의 경우 모두 자음으로 끝나는 것이다. 앞에서 선행연구에서는 '-되다, -답다'와 '-롭다'는 음운론적 이형태 관계로 '-되다, -답다'는 자음 뒤에, '-롭다'는 모음 뒤에 결합한다고 살펴보았는데, 본서는 '-되다'는 '-답다'처럼 어근 끝소리가 자음 경향성을 지닌다고 본다. 또한 '-되다'는 '-답다, -롭다'와 이형태 관계였으므로 그 의미도 '-답다, -롭다'와 유사하게 '어근의 속성이 풍부히 있음' 정도이다.

마지막으로 '-스럽다'의 특성을 살펴보겠다. '-스럽다'는 '-롭다, -답다, -되다' 등과 달리 인성명사(9가), 사물명사(9나), 상태명사(9다), 동작명사(9라), 추상적 실체성 명사(9마), 부사(9바), 비자립어근(9사) 등과 두루 결합하여 형용사를 파생할 수 있다.

(9) 가. 어른스럽다, 바보스럽다, 호걸(豪傑)스럽다

　　나. 짐스럽다, 보배스럽다, 촌(村)스럽다

　　다. 고집(固執)스럽다, 평화(平和)스럽다

　　라. 구경스럽다, 자랑스럽다, 야경(夜警)스럽다,

　　마. 자유(自由)스럽다, 자연(自然)스럽다, 고통(苦痛)스럽다

　　바. 갑작스럽다, 뒤스럭스럽다, 새삼스럽다

　　사. 깜찍스럽다, 뻔뻔스럽다, 죄송(罪悚)스럽다

또한 위에서 제시된 용례를 살펴보면 '-스럽다' 어근의 끝소리가 자음으로 끝나는 것도 있고 모음으로 끝나는 것도 있다. 이것은 모음 뒤에만 연결되는 '-롭다'와 다르다. 『표준』(1999)에 수록된 428개의 '-스럽다' 한자어 어근 파생형용사 가운데 자음으로 끝나는 것은 337개, 모음으로 끝나는 것은 91개가 있다.

앞에서 살펴본 것처럼 '-스럽다'는 형태론·의미론적으로 다양한 유형의 어근과 결합할 수 있으며 음운론적 제약도 받지 않으므로 그 생산성이 '-답다, -롭다, -되다'보다 훨씬 높다. 『표준』(1999)에 실린 한자어 어근 파생형용사를 살펴보면 '-스럽다'는 428개, '-롭다'는 80개, '-되다'는 20개, '-답다'는 5개로 '-스럽다'는 훨씬 생산적임을 알 수 있다. 또한 사전에 실려 있지 않지만 한국어 화자들에게 일반화되어 있는 '-스럽다' 파생어도 적지 않다. 『빈도』(2002)에도 '속(俗)스럽다, 농담스럽다(弄談), 불균형(不均衡)스럽다' 등 임시어를 수록하였다.[24] 따라서 현대한국어의 형용사 파생접미사 중 '-스럽다'는 '-하다' 다음으로 생산성이 높은 것이다.[25]

---

[24] 『빈도』(2002)에 수록된 한자어를 어근으로 한 '-스럽다' 임시어는 '공경스럽다(恭敬), 굴욕스럽다(屈辱), 권태스럽다(倦怠), 불균형스럽다(不均衡), 속물스럽다(俗物), 심란스럽다(心亂), 유행스럽다(流行), 저질스럽다(低質), 절망스럽다(絶望), 천박스럽다(淺薄), 충격스럽다(衝擊), 허영스럽다(虛榮), 혼돈스럽다(混沌)' 등 32개가 있다.

[25] 『빈도』(2002)와 『표준』(1999)에서 나타난 각 유형 한자어 어근 파생형용사의 수는 다음과 같다. 그 중에 '-하다, -스럽다'는 생산성이 두드러지지만 나머지는 생산성이 높지 않다.

접미사		『빈도』(2002) 수량(개)	『표준』(1999) 수량(개)
제1유형	-하다	1074	6860
제2유형	-답다	2	5
	-롭다	38	80
	-되다	8	20

'-스럽다'의 의미에 대해서 심재기(1982:381)에서 구체적 실물을 선행소로 할 때 '-스럽다'는 "그 선행소의 특징적 속성에 매우 가깝게 접근했음을 나타내는 것으로" 보고 이를 [+미흡성]의 의미자질로 표현하였다. 그리고 이러한 의미기능이 상태성 어근이나 부사성 어근에는 적용되지 않는다고 지적하였다. 심재기(1982:381)에서 (10가)는 부부가 실제로 다정하다는 것을 객관적으로 묘사한 것이지만, (10나)는 부부가 정말로 다정한 경우에 대한 묘사로 해석될 수도 있으며 실제로는 다정하지 않지만 다정한 척하는 것으로 해석될 수도 있다고 하였다.

(10) 가. 이혼한 부부가 <u>다정(多情)</u>하게 이야기 한다.
     나. 이혼한 부부가 <u>다정(多情)</u>스럽게 이야기 한다. (심재기, 1982: 381)

이에 대해서 김창섭(1984:151)에서 [+미흡성]이라는 표현은 적절하지 않다고 지적하였다. '그 아이는 어른스럽다.'라는 문장에서 '-스럽다'의 의미는 주어인 '그 아이'가 '어른'의 특징적 속성에 매우 가깝게 접근했음을 뜻하는 것이지, 그 접근의 미흡성을 뜻하는 것이 아니기 때문이라고 하였다. 김창섭(1984:151)에서 '-스럽다'의 의미를 "(어기)

제3유형	-스럽다	118	428
	-쩍다	4	14
	-궂다	2	4
	-맞다	1	7
	-지다	0	10
합계		1247	7428

의 특징적 속성에 접근했음"으로 제시하였다. 김창섭(1994:147~148)에서 '-롭다'와 '-스럽다'의 의미 차이도 검토하였는데 '-롭다'는 단순한 주관적 판단을 암시한다면 '-스럽다'는 주체의 감각적 경험을 통한 주관적 판단이라는 것을 함축한다고 하였다.

이와 달리 김정남(2005:45)에서 '감각적 경험'을 포함하는지는 '-롭다'와 '-스럽다'를 구별하는 절대적 기준으로 보기 어렵다고 지적하고, 이러한 의미차이가 드러나는 것도 있지만 대체적으로 두 접미사가 선행 어기의 받침 유무에 따라 상보적 분포하여 한 접미사의 이형태 관계로 볼 수 있는 가능성을 제기하였다. '탐스럽다, 야단스럽다'가 성립하고 *탐롭다, *야단롭다'가 성립 불가능한 것은 '탐, 야단'이 '감각적 경험'이라는 의미와 어울리기 때문보다는 받침이 있다는 음운론적 제약 때문이라고 하였다. 그러나 김정남(2005:46)에서도 지적했듯이 '-스럽다'가 자음으로 끝나는 어근만을 취하지 않으므로 이렇게 보면 상당히 많은 예외를 무시해야 하는 난점이 따른다.[26]

송철의(1992:209)에서 '-스럽다'와 '-롭다'는 의미기능이 유사하기 때문에 '-롭다' 파생어와 '-스럽다' 파생어가 별다른 의미 차이가 없이 서로 교체된 예들이 있다고 지적하였고, 고영근·구본관(2008:224)에서도 '-스럽다'의 의미를 '-롭다, -되다, -답다'와 유사하게 '어근의 속성이 풍부히 있음'으로 보았다. 본서도 (11)에서 동일 어근에 '-스럽다'와 '-롭다'를 결합하여 파생된 형용사에 대해서 사전에서 비슷한 의미로 기술하고 있는 것으로 보아 '-스럽다'의 의미는 '-롭다'처럼 '어근의 속성이 풍부히 있음' 정도로 본다.

---

26) '-롭다'와 '-스럽다'를 이형태 관계로 보는 견해는 민현식(1984)도 들 수 있다.

(11) 경사(慶事)롭다/스럽다, 낭패(狼狽)롭다/스럽다, 자유(自由)롭다/스럽다, 명예(名譽)롭다/스럽다, 상서(祥瑞)롭다/스럽다, 영예(榮譽)롭다/스럽다, 영화(榮華)롭다/스럽다, 예사(例事)롭다/스럽다, 저주(詛呪)롭다/스럽다, 호기(豪氣)롭다/스럽다, 호사(豪奢)롭다/스럽다

본서는 '-스럽다'를 '-롭다'의 후대형이나 신형으로 본다. '-스럽다'와 '-롭다'는 출현 시기가 다를 뿐만 아니라, '-롭다'의 경우 어근이 모두 모음으로 끝나지만 '-스럽다'의 경우 한자어 어근만이라도 모음으로 끝나는 것은 91개가 있는데 이 많은 어근들을 모두 예외로 보는 것은 타당하지 않기 때문이다.

3.3 제3유형 파생접미사

'-쩍다, -궂다, -맞다, -지다'는 고유 의미를 지니고 있지만 제2유형의 '-답다, -롭다, -되다, -스럽다'와는 상관성이 없는 점에서 제3유형으로 분류하여 다룬다.

먼저 '-쩍다'의 특성을 살펴보겠다. '-쩍다'는 중세한국어의 '-젓-'에서 기원한 것으로 보인다.[27] 황문환(2006)에서 파생접미사 '-적/쩍-'의 형태 변화는 '-젓-'(15세기) 〉 '-젓-'(16~18세기) 〉 '-접-'(18~19세기, 주로 19세기) 〉 '-적다'(19세기 이후) 〉 '-적/쩍다'(20세기 이후)의 변화 과정을 겪은 것으로 파악하였다.

이 접미사의 형태에 대해서 선행 연구에서 '-적다'로 표시된 경우

---

27) 심재기(1982:377)와 안병희 · 이광호(1990:138), 황문환(2006) 등 참조. 이와 달리 송철의(1992:217)와 하치근(2010:232)에서 '-쩍다'는 형용사 '적다'가 접미사화한 것으로 추정하였다.

도 있고(이희승:1950, 심재기:1982), '-쩍다'로 표시된 경우도 있으며
(고영근:1989, 송철의:1992, 한길:2006, 고영근·구본관:2008), '-쩍/적
다'로 표시된 경우도 있다(하치근:2010). 이에 대해서 한글맞춤법 제
54항에서는 된소리(쩍다)로 적는 것으로 제시하였다. 송철의(1992:
219)에서도 '-적다'로 표시할 경우에 '괴이쩍다, 귀살쩍다'에서 '-적다'
가 '-쩍다'로 경음화되는 이유를 설명할 수가 없으나, '멋적다, 맥적다'
에서의 '-적다'를 '-쩍다'이라고 하더라고 문제되지 않기 때문에 이 접
미사의 기본 형태를 '-쩍다'로 설정하였다.[28]

　본서도 '적다(少)'의 뜻이 있는 경우는 [쩍다로 발음되더라도 '적
다'로 표시하고,[29] '적다(少)'의 뜻이 없이 [쩍다로 발음되는 경우는
'-쩍다'로 표시하는 것이 타당하다.[30] 따라서 이 접미사의 형태를 공
시적으로 '-쩍다'로 표시하기로 한다.

　'-쩍다'의 의미에 대해서 『새우리말』(1974)에서는 "그러한 느낌이
있다"로, 『표준』(1999)에서는 "그런 것을 느끼게 하는 데가 있음"으로
제시하고 있다. 본서는 (12)에서 보이듯이 '-쩍다'의 의미는 "그러한
느낌이 있음"을 더하는 것으로 본다.

　(12) 겸연(慊然)쩍다: 쑥스럽거나 미안하여 어색하다.

---

28) 한국어에서 접미사 앞에서는 모음이나 'ㄹ' 다음에서 경음화가 일어나지 않는다.
29) 『표준』(1999)에서 '-적다' 형용사들을 다음과 같이 처리하였다. 그 중에 '가'는 정확한
　　표기이고, '나'와 '다'는 각각 '-없다'와 '-쩍다'의 잘못으로 처리하였다.
　　가. 딴기적다(-氣), 맛적다, 열퉁적다, 재미적다, 퉁어리적다, 괘다리적다, 괘달머리
　　　　적다
　　나. '…없다'의 잘못: 경(景)적다, 열적다, 자발적다
　　다. '…쩍다'의 잘못: 객적다, 겸연적다, 귀살적다, 귀살머리적다, 갱충적다, 맥적다,
　　　　멋적다, 별미(別味)적다, 짓적다, 해망적다
30) 이희승·안병희(2006:143~144) 참조.

괴이(怪異)쩍다: 괴이한 느낌이 있다.

미안(未安)쩍다: 남에게 대하여 마음이 편치 못하고 부끄러운 느낌
이 있다.

의심(疑心)쩍다: 확실히 알 수 없어서 믿지 못할 만한 데가 있다.

황송(惶悚)쩍다: 분에 넘쳐 고맙고도 송구한 느낌이 있다.

현대한국어에서 '-쩍다' 파생어는 (13)에서 제시된 26개밖에 없으므
로 그 생산성이 높다고 보기가 어렵다. '-쩍다' 형용사는 대개 인간의
말이나 행동, 심리상태와 관련되는 의미를 나타낸 것임을 보여준다.

(13) 가. 객쩍다(客), 겸연쩍다(慊然), 괴란쩍다(愧赧), 괴이쩍다(怪異),
면구쩍다(面灸), 면난쩍다(面赧), 무안쩍다(無顔), 미심쩍다(未審),
미안쩍다(未安), 별미쩍다(別味), 수상쩍다(殊常), 의심쩍다(疑
心), 의아쩍다(疑訝), 혐의쩍다(嫌疑), 황송쩍다(惶悚) (15개)

나. 갱충쩍다, 계면쩍다, 궤란쩍다, 귀살쩍다(구살머리쩍다, 귀살머
리쩍다), 맥쩍다, 멋쩍다, 짓쩍다, 해망쩍다, 행망쩍다 (11개)

다음은 '-궂다'의 경우를 살펴보겠다. '-궂다'를 파생접미사로 보는
사전이 없지만 '-궂다'를 형용사 파생접미사로 제시한 논저는 심재기
(1982:379), 고영근(1989:610), 송철의(1992:217), 하치근(2010:485) 등
을 들 수 있다. '-궂다'의 의미에 대해서 심재기(1982: 379)에서는 '심
술, 짓, 암상' 등과 같은 명사를 선행 요소로 할 때는 원의(原義)를
나타내고, '새살, 데설, 앙상/엉성, 얄망' 등과 같은 부사성 어근을 선
행 요소로 할 때는 어근이 나타내려는 의미를 더욱 강화한다고 보았
다. 이와 달리 송철의(1992:217)에서는 '-궂다'의 의미를 '어떠 어떠한

속성을 가지고 있다'로 보았다.

사전에 실린 25개의 '-궂다' 형용사 가운데 어근이 '-스럽다'와도 결합할 수 있는 것은 다음 (14)에서 보이듯이 16개가 있다. 이를 통해서 '-궂다'도 '-스럽다'처럼 파생접미사임을 알 수 있다.

(14) '-궂다'의 어근 가운데 '-스럽다'와도 결합할 수 있는 것: (16개)
　　가살, 암상, 앙살, 엄살, 주체, 청승, 해찰, 밉살머리, 새살, 새실, 시설, 앙상, 얄망, 왈살, 심술(心術), 험상(險狀)

또한 (15)에서 보여준 동일 어근을 취한 '-궂다' 형용사와 '-스럽다' 형용사의 의미를 통해서 '-궂다'의 의미는 '-스럽다'의 의미와 유사한 일면이 있음을 알 수 있다.[31] 다만 '-궂다'의 어근은 모두 부정성을 지니고 있는 점은 어근이 특별한 경향성을 지니지 않는 '-스럽다'와 다르다. 본서는 '-궂다'의 의미는 '어근의 부정적 속성을 명확하게 드러냄'으로 본다.

(15) 가. 가살: 말씨나 행동이 가량맞고 야살스러움. 또는 그런 짓.
　　　　가살궂다: 말씨나 행동이 몹시 가량맞고 야살스럽다.
　　　　가살스럽다: 보기에 가량맞고 야살스러운 데가 있다.
　　나. 주체: 짐스럽거나 귀찮은 것을 능히 처리함.
　　　　주체궂다: 처리하기 어려울 만큼 짐스럽고 귀찮은 데가 있다.
　　　　주체스럽다: 처리하기 어려울 만큼 짐스럽고 귀찮은 데가 있다.

---

31) 송철의(1992:217)에서도 '-궂다'의 의미가 '-스럽다'의 의미와 유사하다고 지적한 바 있다.

다. 험상: 거칠고 험하게 생긴 모양이나 상태.

험상궂다: 모양이나 상태가 매우 거칠고 험하다.

험상스럽다: 모양이나 상태가 매우 거칠고 험한 데가 있다.

'-궂다'의 의미가 형용사 '궂다(언짢고 나쁘다)'와 거리가 먼 점, 그리고 어근이 명사일 때 격조사에 의한 분리가 불가능한 점(예: *가살이 궂다, ?심술이 궂다, *암상이 궂다, *험상이 궂다) 등은 '-궂다'의 파생접미사적 성격을 보여준다. 『표준』(1999)에서 25개의 '-궂다' 형용사를 추출하였는데(예 16) 이를 통해서 '-궂다'의 생산성이 높지 않음을 알 수 있다.32)

(16) 가. 가살궂다, 심술궂다(心術), 암상궂다, 앙살궂다, 얄궂다, 엄살궂다, 주체궂다, 청승궂다, 해찰궂다 (9개)

나. 감궂다, 데설궂다, 밉살머리궂다, 새살궂다, 새실궂다, 시설궂다, 앙상궂다, 얄망궂다, 엉성궂다, 왁살궂다, 좀살궂다, 진망궂다, 테설궂다, 패려궂다(悖戾), 험궂다(險), 험상궂다(險狀) (16개)

위에 제시된 '-궂다' 파생형용사의 어근을 살펴보면 한자어는 4개밖에 없으며 고유어는 21개가 있다. 또한 어근의 의미는 (17)에서 보이듯이 모두 부정적인 의미를 나타내고 모두 사람의 말씨나 행동, 마음이나 태도 등을 나타낸 것이다. 따라서 접미사 '-궂다'는 [부정성,

---

32) (16가)의 어근은 명사성 자립어근이고 (16나)의 어근은 비자립어근이다. 어근의 자립성 분류에 대해서 4장에서 자세히 살펴본다. (16)에서 제시한 '-궂다' 형용사 외에 '짓궂다'도 있는데 이는 접두사 '짓'에 어근 '궂다'가 통합된 것으로 판단되어 '-궂다' 파생형용사가 아닌 것으로 본다.

+유정성, +품성·언행]을 지닌 어근과만 결합한다고 할 수 있다.[33]

(17) 가살: 말씨나 행동이 가량맞고 야살스러움. 또는 그런 짓.

암상: 남을 시기하고 샘을 잘 내는 마음. 또는 그런 행동.

얄: 야살스럽게 구는 짓.

엄살: 아픔이나 괴로움 따위를 거짓으로 꾸미거나 실제보다 보태어서 나타냄. 또는 그런 태도나 말.

짓: 몸을 놀려 움직이는 동작. 주로 좋지 않은 행위나 행동을 이른다.

청승: 궁상스럽고 처량하여 보기에 언짢은 태도나 행동.

'-맞다'의 특성을 살펴보겠다. '-맞다'의 형용사 파생접미사적 성격에 대해서 의견이 일치한 것으로 나타난다. 이희승(1955, 1957, 1962), 심재기(1982:378), 송철의(1992:218), 고영근·구본관(2008:222), 하치근(2010:230) 등 선행 연구와 『새우리말』(1974), 『연세』(1998), 『표준』(1999)에서 공통적으로 '-맞다'를 형용사 파생접미사로 보고 있다.

『표준』(1999)에서 43개의 '-맞다' 파생형용사를 추출하였는데(예 18)[34] 그 중에 어근이 한자어인 것은 7개가 있으며 고유어인 것은 36개가 있다. 이를 통해서 '-맞다'의 생산성이 그다지 높지 않음을 알 수 있다.

---

33) 심재기(1982:379)에서 '-궂다'는 [+유정성] [+성품]을 나타내는 상태동사화 서술기능 완결소라고 하였으며, 송철의(1992:217)에서 '-궂다' 형용사는 사람의 심성 혹은 성질과 관련되는 의미를 갖는다고 지적하였다.

34) (18가)의 어근은 명사성 자립어근이고 (18나)의 어근은 비자립어근이다. 어근의 자립성 분류에 대해서 4장에서 자세히 살펴본다. (18)에서 제시한 '-맞다' 형용사 외에 '걸맞다, 알맞다, 때맞다, 마침맞다' 등 형용사도 추출하였는데 이들에서의 '-맞다'는 동사 '맞다(합당하다, 접합하다, 합치하다)'의 의미를 나타내므로 이들은 파생형용사가 아니라 합성형용사이므로 제외하였다.

(18) 가. 가증(可憎)맞다, 궁상(窮狀)맞다, 극성(極盛)맞다, 변덕(變德)맞
다, 사풍(斜風)맞다, 흉증(凶證)맞다; 간살맞다, 근천맞다, 넉살
맞다, 능청맞다, 방정맞다, 새퉁맞다, 시름맞다, 얌심맞다, 익살
맞다, 청승맞다 (16개)

나. 증상(憎狀)맞다; 갱충맞다, 구성맞다, 는질맞다, 능갈맞다, 능글
맞다, 단작맞다, 던적맞다, 데퉁맞다, 밉살맞다, 밴덕맞다, 뱅충
맞다, 반덕맞다, 별쭝맞다, 빙충맞다, 새살맞다, 새실맞다, 생뚱
맞다, 시설맞다, 쌀쌀맞다, 애살맞다, 용천맞다, 음충맞다, 지질
맞다, 징글맞다, 착살맞다, 칙살맞다 (27개)

(18)에 나타난 어근의 의미를 살펴보면 모두 부정적인 의미를 지
니고, 그 중에 대부분은 사람의 태도나 품성을 나타낸 것이며('간살
맞다, 능갈맞다, 능청맞다') 사람의 생김새나 행동을 나타낸 것도 있
다('궁상맞다, 근천맞다, 증상맞다'). 따라서 접미사 '-맞다'는 [부정성,
+유정성, +품성·외모·행동]을 지닌 어근과만 결합한다고 할 수 있
다.[35] '-맞다'의 어근은 모두 부정적 의미를 지니므로 '-맞다' 형용사
도 당연히 부정적 의미를 나타내게 된다.

'-맞다'의 의미에 대해서『새우리말』(1974)에서 추가 의미 없이 그
저 형용사를 만드는 접미사로 보고 있으며『연세』(1998)에서 '-하다,
-스럽다'를 뜻한다고 보고 있다. 하지만 '-맞다'는 분명히 아무런 의미
도 지니지 않는 '-하다'와 다르므로『새우리말』(1974)과『연세』(1998)
의 관점이 타당하지 않다고 보인다.『표준』(1999)에서는 '-맞다'의 의

---

35) 심재기(1982:378)에서 접미사 '-맞다'는 [+유정성] [+성품의 명사나 부사성 어근을 선
행 요소로 하는 상태동사화 서술기능완결소라고 하였다.

미를 '그것을 지니고 있음'으로 보고 있다. 이는 모호한 의미를 나타내므로 역시 타당하지 않는 것으로 판단된다.

'-맞다'의 어근(43개) 가운데 '-스럽다'와도 결합할 수 있는 것은 다음 (19)에서 보이듯이 37개가 있다. 이를 통해서 '-맞다'도 '-스럽다'처럼 파생접미사임을 짐작할 수 있다.

(19) '-맞다'의 어근 가운데 '-스럽다'와도 결합할 수 있는 것: (37개)
　　　가증(可憎), 간살, 궁상(窮狀), 극성(極盛), 근천, 넉살, 능청, 방정,
　　　변덕(變德), 사풍(斜風), 새퉁, 시름, 얌심, 익살, 청승, 흉증(凶證),
　　　능갈, 능글, 단작, 던적, 데퉁, 밉살, 밴덕, 뱐덕, 별쭝, 새살, 새실,
　　　생퉁, 시설, 쌀쌀, 애살, 용천, 음충, 증상(憎狀), 징글, 착살, 칙살

또한 (20)에서 제시된 동일 어근을 취한 '-맞다' 형용사와 '-스럽다' 형용사의 의미를 통해서 '-맞다'의 의미가 '-스럽다'의 의미와 유사성을 띠고 있음을 알 수 있다. 본서는 '-맞다'의 의미를 송철의(1992: 217)와 유사하게 '어근의 속성을 지니고 있음'으로 본다.[36] 이때의 '-맞다'는 동사 '맞다(합당하다, 접합하다, 합치하다)'의 의미와 멀어진 점에서 그 파생접미사적 성격을 보여준다.

(20) 가. 가증: 괘씸하고 얄미움. 또는 그런 짓.
　　　　가증맞다: 괘씸하고 얄미운 데가 있다.
　　　　가증스럽다: 괘씸하고 얄미운 데가 있다.

---

36) 송철의(1992:217)에서 '-맞다'의 의미를 '-궂다'처럼 '어떠 어떠한 속성을 가지고 있다'로 보고 있다.

나. 간살: 간사스럽게 아양을 떠는 태도.

　　간살맞다: 매우 간사스럽게 아양을 떠는 태도가 있다.

　　간살스럽다: 보기에 간사스럽게 아양을 떠는 태도가 있다.

다. 익살: 남을 웃기려고 일부러 하는 말이나 몸짓.

　　익살맞다: 남을 웃기려고 일부러 우스운 말이나 행동을 하는
　　　　　태도가 있다.

　　익살스럽다: 남을 웃기려고 일부러 우스운 말이나 행동을 하는
　　　　　데가 있다.

　마지막으로 '-지다'의 경우를 살펴보겠다. 선행 연구와 현행 사전
에서 공통적으로 형용사에서의 '-지다'를 파생접미사로 보고 있다.[37]
일찍이 이희승(1950:274)에서 '-지다'를 명사나 어원적 어근 아래에
붙여서 형용사로 전성하는 파생접미사로 제시한 바가 있다(예 '값지
다, 홑지다, 멋지다', '덜퍽지다, 야무지다, 건방지다'). 그 후에 심재기
(1982:374),[38] 고영근(1989:508), 송철의(1992:220), 이익섭 외(1997),
임홍빈 외(2001:56), 김정남(2005:34),[39] 한길(2006:174), 고영근 · 구본
관(2008:222), 하치근(2010:484) 등에서도 '-지다'를 파생접미사로 제

---

37) 본서는 형용사에서의 '-지다'만을 연구 대상으로 한다. '숨지다, 그늘지다, 뒤지다'나
　　'예뻐지다, 싫어지다, 써지다, 깨어지다' 등 합성동사에서의 '-지다'는 여기서 다루지
　　않는다.
38) 심재기(1982:374)에서 '-지-'가 명사의 상태동사화, 상태동사의 과정동사화, 자동사의
　　의사피동화(擬似被動化), 타동사의 자동화 및 피동과정화 등 여러 기능을 가지고 있
　　는 것은 '-지다'의 원래 의미가 '디다(落)'라고 하는 과정성 동작의미를 가지고 있었기
　　때문이라고 지적하였다. 그러나 형용사 파생 기능의 '-지-'와 관련된 중세한국어 동
　　사는 '디다'가 아니라 '지다'이다.
39) 김정남(2005:48)에서 형용사 파생 접미사 '-지다'는 동사 '지다'에서 전용되어 접미사
　　가 된 것으로 보았다.

시하였다.

『빈도』(2002)에서 추출된 '-지다' 형용사를 제시하면 다음과 같다.[40]

> (21) 가. 값지다, 구석지다, 기름지다, 네모지다, 멋지다, 비탈지다, 살지
> 다, 세모지다, 응달지다, 후미지다 (10개)
> 나. 간지다, 건방지다, 구성지다, 끈덕지다, 덜퍽지다, 메지다, 암팡
> 지다, 야무지다, 오달지다 (9개)
> 다. 외지다, 차지다 (2개)

'-지다'의 의미에 대해서 『연세』(1998)는 "그런 상태임", 『표준』
(1999)은 "'그런 성질이 있음' 또는 '그런 모양임'", 송철의(1992:220)에
서는 "어기가 지시하는 의미내용이 풍부히 있음"으로 보았다. 다음
(22)에서 보이듯이 '-지다'는 어근의 의미에 '많이, 몹시, 멀리'와 같은
뜻을 더하면서 형용사를 만든다. 따라서 본서는 '-지다'의 의미를 '어
근이 지시하는 의미내용이 풍부히 있음'으로 본다. 이와 같은 '-지다'
의 의미가 동사 '지다'의 의미와 거리가 먼 것은 '-지다'의 파생접미사
적 성격을 보여준다.

> (22) 가. 값: 사고파는 물건에 일정하게 매겨진 액수.
> 값지다: 물건 따위가 값이 <u>많이</u> 나갈 만한 가치가 있다.

---

40) (21가)는 명사성 자립어근, (21나)는 비자립어근을 어근의 예들이다. 그리고 공시적
으로 분석하기 어려운 (20다)의 '외지다, 차지다'도 있는데 이에 대해서 송철의(1992:
220)에서 '외, 차(찰)'는 기원적으로 명사이었을 가능성이 높고 형태론적으로 어휘화
한 것으로 보았다. (21)에서 제시한 '-지다' 파생형용사 외에 '다부지다, 시건방지다,
오지다, 후지다 등 형용사도 있는데 이들 형용사는 어원이 모호하며 사전에서도 어
간의 형태 분석을 하고 있지 않으므로 본서에서 이들을 '-지다' 파생형용사로 제시하
지 않는다.

나. 구석: 모퉁이의 안쪽. 잘 드러나지 않는 치우친 곳을 속되게 이
　　　르는 말.

　　구석지다: 위치가 한쪽으로 치우쳐 으슥하거나 중앙에서 <u>멀리</u>
　　　　　　떨어져 외지다.

다. 비탈: 산이나 언덕 따위가 기울어진 상태나 정도. 또는 그렇게
　　　기울어진 곳.

　　비탈지다: <u>몹시</u> 가파르게 기울어져 있다.

라. 살: 사람이나 동물의 <u>뼈</u>를 싸서 몸을 이루는 부드러운 부분.

　　살지다: 살이 <u>많고</u> 튼실하다.

4. 한자어 파생형용사 어근의 형태론적 특성

4.1 한자어 어근의 형태론적 분류

4.1.1 자립성에 따른 분류

파생형용사의 어근은 문장에서 보이는 자립성에 따라 크게 자립어근과 비자립어근으로 나눌 수 있다.[1] 자립어근은 문장에서 자립적으로 쓰이는 단어의 자격을 지니는 어근을 가리키며, 비자립어근은 문장에서 자립적으로 쓰일 수 없는 어근을 가리킨다. 일반적으로 파생형용사의 자립어근은 명사, 부사 등이 있다.

명사성 자립어근은 해당 어근이 문장에서 격조사와 결합할 수 있

---

[1] 노명희(2005:29-30)에서 한자어 기능 단위를 자립적으로 쓰일 수 있느냐에 따라 자립형식, 준자립형식, 제한적 자립형식, 의존형식으로 나누었다. 그 중에 준자립형식은 제한된 조사와의 결합만 허용하는 부류이며(예: 자동(自動)으로, 전문(專門)으로), 제한적 자립형식은 제한된 환경에서만 자립성을 인정받을 수 있는 부류이다(예: 저(著), 축(祝), 소기(所期), 불굴(不屈)). 그리고 의존형식에는 어근과 접사를 포함하는데 어근은 다시 강활성어근, 약활성어근, 비활성어근으로 구분하였다.

는지를 기준으로 판별한다. 명사성 자립어근을 판별할 격조사로는 주격조사 '이/가', 목적격조사 '를/을', 관형격조사 '의', 서술격조사 '이다', 부사격조사 '에/에서/(으)로/와/과' 등이 있다.2) 명사성 자립어근의 경우 더 많은 격조사와 결합할 수 있는 어근도 있고(예 1) 제한적으로 격조사와 결합할 수 있는 어근도 있는데(예 2), 본서에서 격조사와의 결합 정도성을 고려하지 않고 격조사와의 결합 가능 여부만을 판별 기준으로 한다.

(1) 가. 그는 젊고 건강(健康)해서 피로가 금방 사라졌다.

나. 요즈음 건강을 위해 소식하는 사람들이 늘고 있다.

다. 나의 건강이 점점 회복되는데 무엇 때문에 시약청을 오래도록 존치하겠는가. (번역 명종실록)

라. 식품에 첨가된 방부제는 건강에 해롭다.

마. 나이가 들어도 마음만은 노쇠하지 않는 것이 건강의 비결이다.

바. 우리는 관내의 독거노인들을 대상으로 건강과 근황 파악을 하고 있다.

사. 나의 재산 목록 일 호는 건강이다.

아. 건강 상태, 건강 수준, 건강 비결

---

2) 보조사를 어근의 자립성 여부를 판별하는 기준으로 삼지 않는 이유는 보조사가 체언뿐만 아니라 부사나 활용형 심지어 단어 사이에도 쓰일 수 있기 때문이다. 예를 들면 보조사 '도'는 '다정(多情)도 스럽다, 예민(銳敏)도 하다'처럼 쓰일 수 있지만 '다정(多情), 예민'은 자립성을 지닌다고 볼 수가 없다. 또 아래의 예문 (가)에서 보여준 것처럼 '거창(巨創)하다'의 어근과 접미사 사이에 보조사 '은/만/도'를 넣을 수 있지만, '거창'은 예문 (나)처럼 아무 격조사와도 결합할 수 없으므로 자립성을 지니지가 않는다.

가. 그 계획은 거창(巨創)은/만/도 하다.

나. *거창(巨創)이, *거창(巨創)을, *거창(巨創)의, *거창(巨創)으로, *거창(巨創)이다

'건강(健康)'은 (1)에서 보이듯이 '-하다' 없이 문장에서 자립적으로 나타날 수 있는데, 목적격조사 '을'과 주격조사 '이'뿐만 아니라(1나, 1다), 관형격조사 '의'와 부사격조사 '과, 에', 서술격조사 '이다' 등과도 두루 결합할 수 있다(1라~사). 따라서 '건강(健康)'은 명사성 자립어근으로 판별되었다. 그리고 '건강(健康)'은 (1아)처럼 홀로 후행 체언을 수식하는 용법도 지닌다.3)

> (2) 가. 온돌은 한국에 <u>특유(特有)</u>한 난방 방식이다.
>   나. *특유가, *특유를, *특유이다, *특유와, *특유로
>   다. 바이올린 <u>특유의</u> 가냘픈 음색; 그녀 <u>특유의</u> 걸음걸이

격조사와 두루 결합할 수 있는 '건강(健康)'과 달리, '특유(特有)'는 (2)에서 보이듯이 문장에서 주격조사, 목적격조사, 부사격조사, 서술격조사와 결합할 수 없지만, 관형격조사 '의'와 결합하여 '특유의' 꼴로 쓰일 수 있다. 이처럼 '특유(特有)'는 문장에서 제한적이지만 격조사와 결합하여 '-하다' 없이 자립적으로 쓰일 수 있으므로 역시 명사성 자립어근으로 보기로 한다.

또한 한자어 어근 가운데 문장에서 자립적으로 쓰이는 부사의 자격을 지닌 것도 있는데 이를 부사성 자립어근으로 보기로 한다. 예를 들면 '분명(分明)'은 (3)에서 보이듯이 문장에서 자립적으로 부사

---

3) 자립어근들이 모두 홀로 체언을 수식하는 기능을 가진 뜻이 아니다. 예를 들면 '곤란(困難)하다'의 어근인 '곤란'은 자립어근에 속하지만(예 가), 홀로 후행 체언을 수식하는 관형적 용법을 지니지 않는다(예 나).
   가. 곤란을 겪다, 곤란에 부딪치다, 무슨 곤란이 있어도 …
   나. *곤란 형편, *곤란 질문, *곤란 사정, *곤란 지경.

로 쓰일 수 있으므로 부사성 자립어근에 속한다.

    (3) 가. 그는 이목구비가 <u>분명(分明)</u>하다.
        나. 무엇인가 <u>분명</u> 잘못되었다.

  다른 한편으로 한자어 어근 가운데 문장에서 자립적으로 쓰이지 못하는 것도 있다. 예를 들면 '다채(多彩)'는 문장에서 어떤 경우에도 격조사와 결합할 수 없을 뿐만 아니라 홀로 후행 체언을 수식하는 관형적 용법도 지니지 않는다. 이처럼 문장에서 자립성을 전혀 보이지 않는 어근들을 비자립어근으로 처리한다.

    (4) 가. 가을 운동회에서는 <u>다채(多彩)로운</u> 행사가 열린다.
        나. *다채가, *다채를, *다채의, *다채로, *다채이다.
        다. *다채 생활, *다채 경력, *다채 행사

  주목할 만한 점은 한자어 어근 가운데 문장에서 격조사와 결합할 수 없지만 홀로 후행 체언을 수식하는 용법을 지닌 것들을 관찰할 수 있다. 예를 들면 '긴급(緊急)'은 (5)에서 보이듯이 어떤 격조사와도 결합할 수 없지만, '긴급 구조, 긴급 뉴스' 등처럼 홀로 체언을 수식할 수 있다.

    (5) 가. 정세가 <u>긴급(緊急)</u>하게 돌아가고 있다.
        나. *긴급이, *긴급을, *긴급의, *긴급으로, *긴급이다.
        다. <u>긴급</u> 구조, <u>긴급</u> 뉴스, <u>긴급</u> 출동, <u>긴급</u> 대피, <u>긴급</u> 구원, <u>긴급</u>
           처방

이런 유형의 어근들이 문장에서 후행 체언과 결합하여 통사적 구성을 형성할 수 있으므로 자립어근으로 처리해야 된다. 하지만 이처럼 관형적 용법으로만 쓰이는 한자어의 품사에 대해서 명확하게 말하기가 어렵다. 기존 논의를 살펴보면 문제의 한자어는 1990년대에 들어와서 학자들의 관심을 받기 시작했는데, 이들의 범주에 대한 입장은 명사, 관형명사, 관형사, 어근, 형성소 등으로 나눌 수 있다.

문제의 한자어를 형성소로 범주화하는 입장을 살펴보겠다. 『연세』(1998)에서 홀로는 쓰이지 못하고 새로운 낱말이나 구를 만드는 데에만 쓰이는 단어형성요소를 '형성소'라는 새로운 용어를 부여하고 독자적인 범주를 설정하였다. 예를 들면 '간이(簡易)'는 기존 사전에서 명사로 처리하였지만 조사가 붙어서 ˚간이가, ˚간이를'처럼 형태 변화를 하지 못하기 때문에 형성소라는 이름을 붙였다. 하지만 김창섭(1999:22)에서 지적하였듯이 형성소는 통사적 구성을 이루는 어휘적인 요소로서 단어임에 분명한데 사전에서 단어의 품사를 부여하지 않은 것은 사전으로서의 실수였다. 선행 연구를 살펴보면 '형성소'라는 새로운 용어에 대해서는 대개 부정적인 의견을 보인다.[4]

다음은 문제의 한자어를 어근으로 보는 입장을 살펴보겠다. 문제의 한자어에 대해서 시정곤(2001)에서는 '명사성 불구 어근', 이호승(2003)에서는 '통사적 어근', 노명희(2005)에서는 '강활성 어근'으로 분류하였다. 하지만 이선웅(2012:60)의 지적대로 '통사적 어근'은 형태론적 현상을 넘어 통사론적 현상을 가리키는 용어로 모순된 개념

---

4) 고영근(1999:11)에서도 '정부(政府)'는 명백한 명사이나 그 앞에 접두사 '반(反)'이 붙은 '반정부(反政府)'는 명사 앞에만 쓰인다는 점을 지적하여, 이런 문제들이 종합적으로 처리되지 않은 상황에서 형성소를 설정하는 것이 어느 정도 일반성을 지닐 수 있을지 궁금하다고 하였다.

의 결합이다. 또한 2장에서 논의한 것처럼 본서에서 '어근'은 파생이나 합성에서 의미상 중심이 되는 부분으로 정의되며 자립어근과 비자립어근이 모두 포함되는데, 문제의 한자어들이 문장에서 통사적 구성을 형성할 수 있고 자립성을 보이므로 자립어근에 속한다. 그러면 이들 한자어들의 품사 범주를 정해야 되는데 그냥 '어근'으로 처리하는 입장은 본서에 적합하지 않다.

그렇다면 문제의 한자어를 관형사나 명사로 범주화하는 입장으로 좁혀진다. 먼저 '관형사'로 보는 입장을 살펴보겠다. 주지하는 바와 같이 관형사는 체언 앞에서 그 체언의 뜻을 분명하게 제한하는 품사이며, 체언을 꾸며 주면서도 형태 변화를 하지 않는다.[5] 문제의 한자어도 문장에서 앞이나 뒤에 아무것도 결합되지 않는 채 후행 체언을 수식하고 다른 관형어의 수식을 받지 못한다는 특징을 고려하면 이들을 관형사로 범주화할 가능성이 없지 않다. 하지만 Martin(1992) 외에 문제의 한자어를 관형사로 분류한 논의가 거의 없다.[6] 그 이유는 다음과 같이 정리할 수 있다.

첫째, 한국어의 관형사는 독자적인 품사 체계로 원래부터 존재한 것이 아니라, 대부분은 명사나 용언의 관형사형이 그대로 굳어져 하나의 품사 범주로 인식하게 된 것이므로(예: '새, 온갖, 옛; 헌, 갖은') 문제의 한자어를 관형사로 범주화하기 어렵다(고신숙, 1987:169, 김창섭, 1999:21). 둘째, 문제의 한자어들은 보통 '-하다'나 '-성(性), -화(化), -적(的)' 등과 결합하여 새로운 단어를 만들 수 있다(예: 단일성, 단일화, 단일적). 하지만 이 접미사들은 일반적으로 어근이나 명사

---

5) 고영근 · 구본관(2008:47) 참조.
6) Martin(1992:151)에서 문제의 형식을 준관형사(quasi-adnoun)로 보았다(채현식, 2014: 100 재참조).

에 결합되고 관형사에 결합되지 못한다7)(노명희, 2005:32, 이선웅, 2012:57). 셋째, 문제의 한자어들이 관형사라면 후행 명사와의 결합이 자유로워야 하는데 이들 중에 한두 개의 명사와만 통합할 수 있는 것도 있으므로(예: '가혹 행위, 가산 명사, 긴박 상황') 관형사로 보기 어렵다(채현식, 2014:101).

그렇다면 문제의 한자어의 범주는 명사밖에 남지 않는다. 김영욱 (1994), 김창섭(1999), 이선웅(2000, 2012), 김선효(2011) 등에서 문제의 한자어를 관형명사로 범주화하였고, 채현식(2014)에서 이들을 명사로 범주화하였다.

김영욱(1994:100~104)에서 한자어 명사 가운데 관형적으로만 쓰이는 경우를 '관형명사'로 설정하여, 관형명사를 파생되는 방식에 따라 어근분리형과 축약형, 접두형, 접미형 등 4가지 유형으로 제시하였다.8) 김창섭(1999)에서 '국제, 의료' 등 관형명사의 특징은 스스로 어떠한 조사와도 결합하지 않고, 합성명사나 파생명사 및 명사구의 표제가 되지 못하며, 수식부만이 될 수 있다고 보았다. 그리고 김선효 (2011:103)에서 관형명사의 특징은 조사와 결합할 수 없고, 후행성분만 수식하여 후행명사가 나열되더라도 중의적으로 해석되지 않으며,9) 관형사나 관형사형의 수식을 홀로 받지 않는다고 정리하였다.

---

7) 채현식(2014:101)에서 일부이기는 하지만 문제의 한자어들 중에 어떤 접미사와도 결합하지 못하는 '간이, 강박, 공안' 등과 같은 것도 있다고 지적하였다. 그러나 필자는 '강박(強迫)'은 '-적'과 결합하여 '강박적(強迫的)'을 형성할 수 있다고 본다.

8) 어근분리형은 '어근+한자어에하다' 구성에서 어근만 분리되어 관형명사로 파생된 것이고(예: '가용, 거대, 과다, 급성장, 긴급, 단일, 대등, 통속'), 축약형은 2개 이상의 한자어가 축약되어 파생된 것이고(예: '가전, 농수산, 농축산'), 접두형은 한자어계 접두사에 의해 형성된 것이며(예: '미제출, 미집행, 미확인'), 접미형은 한자어계 접미사에 의해 형성된 것이다(예: '공립, 국공립, 군립, 시립'). 김영욱(1994:100~104) 참조.

9) 예를 들면 '이번 2002 한일 월드컵 전야제는 국제 무대 진가를 보여줬다.'에서의 '국

또한 김선효(2011)에서 일부 단어는 한두 조사와 결합하는 불완전 계열을 보이기도 하지만(예: '불굴의 의지'의 '불굴(不屈)'), 이것은 관형명사의 일반적 현상이 아니라 특수한 현상이므로 크게 문제가 되지 않는다고 하였다. 이선웅(2000:42~43)에서도 문제의 요소 다음에 '-(으)로, -이다, 에, 의'가 쓰일 수 있다는 것은 문제의 요소의 자립성 부여와 무관하다고 지적하고 '簡易(로), 高價(로, 이다), 共通(이다), 最近(에), 固有(의)' 등을 모두 관형명사로 처리하였다.[10]

제 무대 진가'는 '[[국제 [무대]] 진개'의 통사 구조를 가지지만, '민수 동생 친구'는 '[[민수 [동생]] 친귀'나 '[민수 [동생 [친귀]]'로 해석이 가능하다. 관형명사는 후행명사만을 수식하므로 중의성을 지니지 않는다(김선효: 2011:101 참조).

10) 김창섭(1990:97)과 이선웅(2000:42)에서 '(으)로' 앞의 어기는 반드시 명사라고 할 수 없고 '고로(故-), 실로(實-)'와 같은 부사 파생의 개념으로 이해해야 한다고 지적하였다. 부사어의 뜻을 전달하기 위해 한자 부분을 임시적으로 명사로 간주하고 '(으)로'를 붙인 것이 그대로 한국어에 쓰이게 된다고 지적하였다.
이선웅(2000:42)에서 언급한 바와 같이 '-이다' 앞의 형태는 명사뿐만 아니라 어근이나 부사어에도 자유롭게 결합할 수 있고(가), 부사절이나 문장 형식에도 결합할 수 있다(나). 아래 예문에서 '-이다'의 선행 형식은 임시적으로만 명사로 쓰였다고 지적하였다.
　가. 매사에 <u>열심이다</u>. / 만난 것은 여기에서이다.
　나. 그가 떠난 것은 내가 <u>미워서이다</u>. / 그가 "<u>맛있는 걸</u>"이라고 말했다.

또한 이선웅(2000:43)에서 다음 예문 (가)에서는 *'최근이 중요하다 / *'하계를 기다리다'와 같은 말이 불가능하고 (나)에서는 *'고유를 지키다, *'별도를 고찰하다'와 같은 말이 불가능하다고 지적하며, '에'나 '의'가 통합될 수 있는 것을 만약 '명사+조사'의 패러다임 속에서 파악한다면 패러다임의 불규칙성을 설명하기 어려워진다고 하였다. 이러한 예들은 (가, 나)에서의 예들과 같은 성격을 지닌 것으로서 마땅히 김영욱(1994:108)에서 주장한 것처럼 모두 어휘부에 그 모습 그대로 저장된 요소로 파악되어야 한다고 하였다. 따라서 문제의 요소에 '에'나 '의'가 붙을 수 있다는 사실은 문제의 요소에 자립성을 부여하는 일과는 무관하다고 주장하였다.
　가. 최근에, 하계에
　가'. 겁결에, 내친김에, 삽시간에, 단김에
　나. 가공의, 고유의, 공통의, 별도의, 최대의
　나'. 고도의, 미증유의, 불굴의, 소기의

채현식(2014:103)에서 '과적(過積), 강박(强迫)'이 제한적이나마 조사를 취할 수 있는 점에 대해서 이것은 명사와 기능적·분포적 성질을 공유하는 것으로 보았으며, '동맹(同盟), 무장(武裝), 후임(後任)'이 명사이므로 그들의 반의어인 '비동맹(非同盟), 비무장(非武裝), 선임(先任)'은 역시 화자에게 명사로 인식될 가능성이 크다고 지적하였고, 이런 점들을 고려하여 문제가 남기는 하지만 문제의 형식들을 명사로 범주화하였다.

문제의 한자어는 격조사와 결합할 수 없고 관형어의 수식도 받지 못한다는 점을 생각하면 이들을 명사로 보기 어려울 수도 있다. 하지만 명사 부류에서 선행 성분의 수식을 받아야만 존재할 수 있는 의존명사가 있듯이, 반드시 다른 명사구를 수식하는 명사 부류도 생각해 볼 수 있다.11) 따라서 본서는 '긴급(緊急), 거대(巨大)' 등을 특수한 부류의 명사인 관형명사로 처리하기로 한다.12)

문장에서 격조사와 결합하지 못하고 피수식 성분도 되지 못하고 오직 홀로 후행 명사를 수식하는 관형적 용법으로만 사용되는 한자어 어근을 관형명사성 자립어근으로 처리한다. 홀로 후행 체언을 수식하는 관형적 용법을 지니더라도 주격조사나 목적격조사와 결합할 수 있거나 피수식 성분으로도 사용될 수 있다면 일반 명사성 자립어근에 포함시킨다. (6, 7)에서 보여준 '이상(異常), 과다(過多)'는 바로 관형적 용법을 지니는 일반 명사들이다.

---

11) 이선웅(2000), 김선효(2000, 2011:59) 참조.
12) 유춘평(2013:22)에서는 '해당 사항, 단일 공장, 부당 대출' 등에서의 '해당, 단일, 부당' 등을 '명사적 비자립 어근'으로 처리하였다.

(6) 가. 오늘따라 기계 소리가 <u>이상(異常)</u>하다.

　　 나. 기계에 <u>이상이</u> 생기다. (기계 이상)

　　 다. 그는 몸에 <u>이상을</u> 느끼고 병원을 찾았다.

　　 라. <u>이상</u> 저온, <u>이상</u> 기류, <u>이상</u> 행동

(7) 가. 수도권에 인구가 <u>과다(過多)</u>하게 집중되고 있다.

　　 나. 영양 <u>과다</u>, 출혈 <u>과다</u>, 위산 <u>과다</u>, 지방질 <u>과다</u>

　　 다. <u>과다</u> 분비, <u>과다</u> 노출, <u>과다</u> 투약, <u>과다</u> 복용, <u>과다</u> 사용, <u>과다</u>
　　　　 섭취

　한편 관형적 용법을 지니면서 말뭉치에서 몇 개의 예에서만 한두
가지의 격조사(관형격조사나 부사격조사, 서술격조사)와 결합할 수
있는 한자어 어근도 관형명사에 포함시켜 분류한다. (8)에서의 '단일
(單一)'은 관형적 용법을 지니면서(8라) 주격조사, 목적격조사, 부사
격조사, 서술격조사와 모두 결합하지 못하고(8나), 몇 개의 예에서만
관형격조사 '의'와 결합할 수 있으므로(8다) 이를 관형명사로 분류한다.

(8) 가. 우리는 <u>단일(單一)</u>한 언어를 사용하고 있다.

　　 나. ˚단일이, ˚단일을, ˚단일로, ˚단일에, ˚단일이다.

　　 다. <u>단일의</u> 최종 생성물, <u>단일의</u> 통합 경제, <u>단일의</u> 가치, <u>단일의</u>
　　　　 주권 국가

　　 라. <u>단일</u> 상품, <u>단일</u> 후보, <u>단일</u> 공장, <u>단일</u> 성분, <u>단일</u> 민족, <u>단일</u>
　　　　 정당

　이상의 논의를 정리하면 본서는 한자어 어근을 문장에서 보이는
자립성에 따라 자립어근과 비자립어근으로 나누되, 자립어근을 다

시 명사성 자립어근과 관형명사성 자립어근, 부사성 자립어근으로 나눈다.[13] 자립어근은 문장에서 자립적으로 쓰이는 단어의 자격을 가진 어근을 가리키며, 비자립어근은 문장에서 자립적으로 쓰일 수 없는 어근을 가리킨다. 그리고 명사성 자립어근은 문장에서 격조사와 결합할 수 있는 어근을 가리키며, 관형명사성 자립어근은 문장에서 격조사와 결합하지 못하고 피수식 성분도 되지 못하며 홀로 후행 명사를 수식하는 용법으로만 쓰이는 어근을 가리키고, 부사성 자립어근은 문장에서 자립적으로 쓰인 부사의 자격을 가진 어근을 가리킨다. 표로 정리하면 다음과 같다.

〈표 1〉 파생형용사 한자어 어근의 자립성 분류

분류		판단 기준	예
자립어근	명사성 자립어근	[+격조사]	건강(健康)
	관형명사성 자립어근	[-격조사], [+관형적 용법]	거대(巨大)
	부사성 자립어근	[-격조사], [+부사적 용법]	분명(分明)
비자립어근		[-격조사], [-관형적 용법]	다채(多彩)

4.1.2 내적 구조에 따른 분류

우리가 단어를 단일어, 합성어, 파생어로 분류하듯이 한자어 어근도 내적 구조에 따라 단일어근, 합성어근, 파생어근으로 분류할 수 있다.[14] (9가)에서의 1음절 한자어들은 단순어근이며, (9나, 다)에서

---

13) 관형명사는 명사의 하위 범주이지만 일반명사와 다른 특성을 보이므로 따로 분류하였다.
14) 노명희(2009:68)에서 어근을 하나의 형태소로 이루어진 단순어근과 두 개 이상의 형

두 개 이상의 형태소로 이루어진 한자어들은 복합어근이다. 그중에 (9나)는 두 형태소로 합성된 합성어근이며, (9다)는 접두사 '무(無)-, 불(不)-'과 접미사 '-연(然)'에 의하여 파생된 파생어근이다. (9나)에서의 '간략(簡略)'을 예로 보면 '간(簡)'과 '략(略)'은 각각 '간단(簡單), 간편(簡便), 간소(簡素)'와 '개략(槪略), 대략(大略), 생략(省略)'의 계열관계를 통해서 두 개의 형태소로 분석될 수 있으므로 '간략(簡略)'은 '간(簡)'과 '략(略)'이 합성된 것이다.

(9) 가. 독(毒), 부(富), 선(善), 귀(貴), 급(急), 약(弱)

　　나. 간략(簡略), 성급(性急), 최대(最大), 애매모호(曖昧模糊)

　　다. 무관심(無關心), 불가능(不可能), 목석연(木石然)

또한 한자어 합성어근의 경우 그 내적 구조는 일반적으로 주술구조, 술목구조, 술보구조, 병렬구조, 수식구조 등으로 나눈다. 한자어의 구조에 대해서 심재기(1987), 노명희(2007) 등에서 논의한 바 있다. 노명희(2007)에서 한자어의 내적 구조를 기본구조와 수식구조, 병렬구조로 나누고, 기본구조를 다시 '주어+서술어, 서술어+목적어, 서술어+보어'로, 수식구조를 다시 '관형어+명사, 부사어+서술어'로, 병렬구조를 다시 '명사+명사, 형용사+형용사, 동사+동사'로 나누었다.

본서는 한 낱말 내부의 구성 요소를 다시 명사나 형용사, 동사로 보기 어렵다고 판단한다. 병렬구조의 '귀중(貴重), 교활(狡猾)'을 예로 보면 '귀(貴)', '중(重)'과 '교(狡)', '활(猾)'을 형용사로 보기 어렵고

태소로 이루어진 복합어근으로 나눈 바가 있다. 노명희(2009)에서의 "어근"은 본서의 비자립어근에 해당된 개념이다.

형용사성(상태성) 한자어 어근으로 보는 것이 더 타당하다. 따라서 '귀중(貴重), 교활(狡猾)'의 내적 구조를 '형용사성 한자어 어근+형용 사성 한자어 어근'의 병렬구조로 보기로 한다. 마찬가지로 주술구조 와 수식구조 등도 같은 방법으로 처리하여 파생형용사 한자어 어근 의 내적 구조를 살펴볼 것이다.

이상 파생형용사 한자어 어근의 내적 구조를 살펴보았는데 표로 정리하면 다음과 같다.

〈표 2〉 파생형용사 한자어 어근의 내적 구조

분류			형태 구성	예
단일어근			형용사성 또는 명사성 한자어 어근	약(弱), 정(情)
복합 어근	합성 어근	병렬구조	형용사성 한자어 어근 + 형용사성 한자어 어근	귀중(貴重) 중차대(重且大)
			동사성 한자어 어근 + 동사성 한자어 어근	세련(洗鍊)
			명사성 한자어 어근 + 명사성 한자어 어근	지혜(智慧)
		주술구조	명사성 한자어 어근 + 형용사성 한자어 어근	야심(夜深) 의기양양(意氣揚揚)
		술목구조	동사성 한자어 어근 + 명사성 한자어 어근	실망(失望)
		술보구조	동사성 한자어 어근 + 보어	충만(充滿)
		수식구조	부사성 한자어 어근 + 형용사성 한자어 어근	최대(最大) 천만다행(千萬多幸)
			형용사성 한자어 어근 + 명사성 한자어 어근	대담(大膽) 광범위(廣範圍)
	파생 어근	접두파생	한자어 접두사+한자어 어근	무차별(無差別)
		접미파생	한자어 어근+한자어 접미사	목석연(木石然)

4.2 유형별 한자어 파생형용사 어근의 형태론적 특성

4.2.1 제1유형 한자어 파생형용사 어근의 형태론적 특성

본 절에서는 『빈도』(2002)에서 추출된 1074개의 '-하다' 한자어 어근 파생형용사를 대상으로 그 어근의 자립성 및 내적 구조를 고찰하여 '-하다' 한자어 어근의 형태론적 특징을 살펴보고자 한다.15)

먼저 1음절 '-하다' 한자어 어근의 형태론적 특징을 살펴보겠다. 추출된 53개의 1음절 한자어 어근에 대한 분석 결과 그중에 명사성 자립어근은 6개, 비자립어근은 47개가 있으며, 관형명사성 자립어근과 부사성 자립어근은 없다. 1음절 '-하다' 한자어 어근 중에 비자립어근이 자립어근보다 압도적으로 많음을 알 수 있다.16) 상세 목록은 다음과 같다.

(10) 1음절 한자어 어근의 자립성: (53개)

　가. 명사성 자립어근(6개): 궁(窮), 독(毒), 부(富), 분(憤), 선(善), 악(惡)17)

　나. 비자립어근(47개): 강(剛), 강(强), 건(乾), 격(激), 곤(困), 과(過), 귀(貴), 급(急), 긴(緊), 길(吉), 난(亂), 냉(冷), 능(能), 당

---

15) 본서에서 어근의 형태론적 특징을 고찰할 때 어근이 문장에서 조사와 결합할 수 있는지, 홀로 체언을 수식할 수 있는지 등의 판별은 필자의 직관에 따른 것이 아니라 『21세기 세종계획』(2011)의 말뭉치와 전자판 『표준』(1999)의 예문을 활용하였다.

16) 1음절 '-하다' 한자어 어근 중에 명사성 자립어근이 18.87%를, 비자립어근이 81.13%를 차지하고 있다.

17) 궁(窮): 궁이 들다, 궁을 떨다;　　　독(毒): 독이 퍼지다, 독을 타다;
　　부(富): 부를 누리다;　　　　　　　선(善): 선을 쌓다, 선을 행하다, 선과 악;
　　분(憤): 분이 가라앉다, 분을 삭이다;　악(惡): 악이 발호하다, 악을 저지르다.

(當), 둔(鈍), 묘(妙), 박(薄), 성(盛), 순(順), 습(濕), 승(勝), 실
(實), 심(甚), 야(野), 약(弱), 엄(嚴), 여(如), 역(逆), 연(軟), 장
(壯), 정(正), 정(淨), 정(精), 족(足), 준(峻), 중(重), 진(津), 천
(賤), 추(醜), 친(親), 탁(濁), 편(便), 허(虛), 헐(歇), 험(險), 후
(厚), 흉(凶)

1음절 한자어 어근들은 당연히 모두 단일어근이다. 다만 1음절 명
사성 자립어근들은 모두 (11)에서 보여준 '분(憤), 독(毒)'처럼 홀로
체언을 수식하는 기능이 없고 반듯이 '-하다'와 결합해야 체언을 수
식할 수 있는 특성을 보인다.

(11) 가. 분(憤): 분이 풀리다, 분을 삭이다, 분에 못 이기다,
          *분 마음(분한 마음), *분 생각(분한 생각)
     나. 독(毒): 독을 품다, 독이 오르다
          *독 계집(독한 계집), *독 악취(독한 악취), *독 마음(독
          한 마음)

다음은 2음절 '-하다' 한자어 어근의 형태론적 특징을 살펴보겠다.
추출된 879개의 2음절 어근에 대한 분석 결과 그 중에 명사성 자립
어근은 271개, 관형명사성 자립어근은 65개, 부사성 자립어근 10개,
비자립어근이 533개가 있다. 2음절 '-하다' 한자어 어근도 1음절처럼
비자립어근이 자립어근보다 압도적으로 많음을 알 수 있다.[18] 구체

---

18) 2음절 '-하다' 한자어 어근 중에 명사성 자립어근은 30.83%, 관형명사성 자립어근은
    7.39%, 부사성 자립어근은 1.14%, 비자립어근은 60.68%를 차지하고 있다.

목록은 다음과 같다.

(12) 2음절 한자어 어근의 자립성: (880개)

　가. **명사성 자립어근(271개)**: 건강(健康), 건조(乾燥),[19] 곤란(困難), 공평(公平), 다정(多情), 만족(滿足), 무사(無事), 무식(無識), 미안(未安), 부족(不足), 불리(不利), 불안(不安), 불편(不便), 불행(不幸), 성실(誠實), 신비(神秘), 안전(安全), 완벽(完璧), 우연(偶然), 위급(危急), 위험(危險), 유별(有別), 이상(異常), 정확(正確), 창피(猖披), 초조(焦燥), 충실(充實), 친절(親切), 침착(沈着), 태연(泰然), 편리(便利), 편안(便安), 피곤(疲困), 필요(必要), 행복(幸福), 허약(虛弱), 혼란(混亂) … 〈상세 목록은 〈부록1〉 참조)

　나. **관형명사성 자립어근(65개)**: 가혹(苛酷), 강경(强勁), 강력(强力), 거대(巨大), 건전(健全), 고급(高級), 고유(固有), 공정(公正), 과격(過激), 괴기(怪奇), 극렬(極烈), 급속(急速), 긴급(緊急), 난폭(亂暴), 냉습(冷濕), 다우(多雨), 단순(單純), 단일(單一), 동일(同一), 막강(莫强), 명랑(明朗), 무한(無限), 미세(微

---

19) 동일 어근에 '-하다'가 결합되면 형·동 양용 용언이 파생된 경우도 관찰할 수 있다. 예를 들면 한자어 '건조(乾燥), 만족(滿足), 불평(不平), 불충(不忠), 사치(奢侈), 생동(生動), 자비(慈悲)' 등이 '-하다'와 결합하면 다음 예문처럼 형용사로도 쓰일 수 있으며 동사로도 쓰일 수 있다. 김정남(2005:34)에서 이들 어근들이 자립 형식으로 자리잡을 수 있었던 이유는 동사의 어근으로도 쓰인다는 특성 때문이라고 추측하였다.
가. 그의 피부가 참 건조하다.
가'. 나일론은 흡습성이 낮으므로 쉽게 건조한다.
나. 지도자의 나쁜 습관을 그대로 맞춰주는 사람이 가장 불충한 사람이다. (유향, 반성하는 조직이 성공한다)
나'. 왕조 시대에는 윗사람에게 불충하는 것이야말로 절대 용서할 수 없는 죄였다. (아영란 역, 모략의 즐거움)

細), 미소(微小), 밀접(密接), 부당(不當), 부실(不實), 불순(不純), 불온(不穩), 상당(相當), 상세(詳細), 신속(迅速), 엄중(嚴重), 열등(劣等), 영세(零細), 온건(穩健), 완전(完全), 우수(優秀), 유관(有關), 유독(有毒), 유력(有力), 유망(有望), 유명(有名), 유사(類似), 유용(有用), 유해(有害), 유효(有效), 일정(一定), 잔혹(殘酷), 저급(低級), 저명(著名), 저속(低俗), 적정(適正), 정밀(精密), 주요(主要), 중대(重大), 중요(重要), 청정(淸淨), 투명(透明), 특별(特別), 특수(特殊), 특이(特異), 특정(特定), 한랭(寒冷), 희소(稀少)

다. 부사성 자립어근(10개): 당당(堂堂), 돌연(突然), 분명(分明), 불과(不過), 아연(啞然), 여간(如干), 월등(越等), 첩첩(疊疊), 총총(悤悤), 흡사(恰似)

라. 비자립어근(533개): 간단(簡單), 공손(恭遜), 과감(果敢), 굉장(宏壯), 근사(近似), 기특(奇特), 난처(難處), 냉정(冷靜), 능숙(能熟), 다양(多樣), 막연(漠然), 명확(明確), 무난(無難), 미흡(未洽), 복잡(複雜), 불길(不吉), 사소(些少), 선명(鮮明), 솔직(率直), 수상(殊常), 신선(新鮮), 신통(神通), 심각(深刻), 애매(曖昧), 양호(良好), 어색(語塞), 엄밀(嚴密), 용감(勇敢), 우아(優雅), 위대(偉大), 유리(有利), 자세(仔細), 저렴(低廉), 적당(適當), 죄송(罪悚), 지독(至毒), 진지(眞摯), 충분(充分), 친밀(親密), 타당(妥當), 탁월(卓越), 평범(平凡), 풍부(豐富), 한심(寒心), 화사(華奢), 확실(確實) … (상세 목록은 〈부록 2〉 참조)

2음절 명사성 자립어근 중에 (13)에서 보여준 '위급(危急), 불우(不遇), 취약(脆弱)'처럼 홀로 후행 명사를 수식하는 관형적 용법도 지닌 것은 '과민(過敏), 무고(無故), 부정(不正), 불량(不良), 불법(不法), 불우(不遇), 비만(肥滿), 비상(非常), 소란(騷亂), 순수(純粹), 우세(優勢), 위급(危急), 음란(淫亂), 이상(異常), 취약(脆弱), 필요(必要), 허약(虛弱)' 등이 있다.

(13) 가. 위급(危急): <u>위급</u>을 알리다, <u>위급</u>에 처하다

　　　　　 <u>위급</u> 환자, <u>위급</u> 상황, <u>위급</u> 증상

　　나. 불우(不遇): 자신의 <u>불우</u>를 탄식하다, <u>불우</u>와 실의, <u>불우</u>의 재난을 당하다

　　　　　 <u>불우</u> 이웃, <u>불우</u> 노인, <u>불우</u> 작가, <u>불우</u> 어린이, <u>불우</u> 청소년, <u>불우</u> 학생

　　다. 취약(脆弱): 혈관의 <u>취약</u>을 방지하다, 경제체질의 <u>취약</u>을 가져오다.

　　　　　 <u>취약</u> 분야, <u>취약</u> 계층, <u>취약</u> 종목, 화재 <u>취약</u> 지역

　2음절 관형명사성 자립어근 중에 (14가)의 '특이(特異)'처럼 어떤 격조사와도 결합할 수 없는 경우가 있으며, (14나)의 '동일(同一)'처럼 주격조사 및 목적격조사 등과 결합하지 못하지만 몇 예문에서 관형격조사와만 결합할 수 있는 경우도 있다.

(14) 가. 특이(特異): *특이가, *특이를, *특이의, *특이로, *특이와, *특이이다.

　　　　　 <u>특이</u> 사항, <u>특이</u> 체질, <u>특이</u> 행동, <u>특이</u> 요법

　　나. 동일(同一): *동일이, *동일을, *동일에, *동일과, ?동일이다, <u>동일(同一)</u>의 원리

　　　　　 동일 규격, 동일 상품, 동일 수법, 동일 수준, 동일

시간, <u>동일</u> 인물, <u>동일</u> 문화권, <u>동일</u> 사건, <u>동일</u> 날짜

2음절 부사성 자립어근은 (15)에서 보여주듯이 문장에서 자립적으로 부사로 사용 가능하다. 이와 같은 부사성 자립어근은 양이 많지 않고 『빈도』(2002)에서 10개만 추출하였다.

(15) 가. <u>당당(堂堂)</u> 1위에 입상하다.

　　 나. 그때 나는 예상 못했던 일과 <u>돌연(突然)</u> 마주치게 되었다.

　　 다. 사실을 아는 사람은 <u>불과(不過)</u> 몇 명뿐이었다.

　　 라. 여자 혼자서 아이를 키운다는 게 <u>여간(如干)</u> 어려운 일이 아니다.

한편 2음절 '-하다' 한자어 어근들은 대부분 합성어근이다. 그 내적 구조는 대부분 병렬구조이며, 주술구조와 수식구조도 없지 않다. 이 가운데 병렬구조는 동의반복 병렬형과 동형반복 병렬형이 있다.

(16) 병렬구조: 형용사성 한자어 어근＋형용사성 한자어 어근

　　 가. 거대(巨大), 건강(健康), 건조(乾燥), 고귀(高貴), 곤란(困難), 공평(公平), 광대(廣大), 교묘(巧妙), 귀중(貴重), 위대(偉大), 괴이(怪異), 교활(狡猾), 명백(明白), 빈분(繽紛), 신선(新鮮), 용감(勇敢), 정직(正直), 정확(正確), 초조(焦燥), 편리(便利), 편안(便安), 평안(平安), 피곤(疲困), 허약(虛弱), 혼란(混亂), 화려(華麗)

　　 나. 괴괴(怪怪), 구구(區區), 냉랭(冷冷), 늠름(凜凜), 도도(滔滔), 막막(寞寞), 막막(漠漠), 만만(滿滿), 망망(茫茫), 세세(細細), 은은(隱隱), 작작(綽綽), 창창(蒼蒼), 침침(沈沈), 탕탕(蕩蕩), 편편

(便便), 평평(平平), 혁혁(赫赫), 훈훈(薰薰)

(16)에서 제시된 어근들은 병렬구조의 예들이다. 그 중에 (16가)는 유사한 의미를 지니는 두 형용사성 한자어 어근이 대등한 자격으로 병렬되는 구성이다. 예를 들면 '거대(巨大)'는 '거(巨)'와 '대(大)', '건조(乾燥)'는 '건(乾)'과 '조(燥)'가 병렬 구성된 것인데 '클 거(巨)'와 '클 대(大)', '마를 건(乾)'과 '마를 조(燥)'는 유사한 의미를 지니는 형용사성 한자어 어근들이다. '-하다' 형용사 2음절 한자어 어근들은 대부분 이처럼 비슷한 의미를 지니는 두 형용사성 한자어 어근이 병렬되는 것이다. 이 외에 (16나)에서의 '막막(漠漠), 만만(滿滿)' 등처럼 동일 형용사성 한자어 어근이 반복된 구조도 있다.

병렬구조의 '-하다' 형용사 한자어 어근은 모두 유사한 의미를 나타낸 형용사성 한자어 어근으로 이루어진다는 공통점이 있다. '연애(戀愛), 조사(調査), 활동(活動), 출입(出入), 문답(問答), 호흡(呼吸)' 등 동사성 한자어 어근으로 이루어진 병렬구조의 한자어가 '-하다'와 결합하면 동사가 파생된다. 대립적 의미를 나타낸 형용사성 한자어 어근으로 이루어진 한자어 '명암(明暗), 장단(長短), 시비(是非), 유무(有無), 존비(尊卑)' 등은 서술성을 잃어서 '-하다'와 결합할 수 없다.

(17) 주술구조: 명사성 한자어 어근+형용사성 한자어 어근
　　　가빈(家貧), 기성(氣盛), 성급(性急), 시급(時急), 심란(心亂), 심약
　　　(心弱), 심회(心灰), 야심(夜深), 어눌(語訥), 연로(年老)

(17)에서 제시된 어근들은 명사성 한자어 어근과 형용사성 한자어 어근이 구성된 주술구조의 예들이다. 예를 들면 '성질이 급하다'를

나타내는 '성급(性急)'은 명사성 한자어 어근 '성(性)'과 형용사성 한자어 어근 '급(急)'이 구성된 주술구조이다. '-하다' 형용사 2음절 한자어 어근 가운데 이와 같은 주술구조의 용례는 많이 나타나지 않는다.

(18) 수식구조:

　가. **부사성 한자어 어근+형용사성 한자어 어근:**

　　고유(固有), 극대(極大), 극소(極少), 극친(極親), 부실(不實), 불량(不良), 불안(不安), 자명(自明), 지독(至毒), 지악(至惡), 최급(最急), 최대(最大)

　나. **형용사성 한자어 어근+명사성 한자어 어근:**

　　고급(高級), 고명(高名), 다사(多事), 다양(多樣), 다우(多雨), 다정(多情), 다행(多幸), 대담(大膽), 무사(無事), 무식(無識), 박문(博聞), 유능(有能), 유용(有用)

(18)에서 제시된 어근들은 수식구조의 예들이다. 그 중에 (18가)는 부사성 한자어 어근이 형용사성 한자어 어근을 수식하는 경우이다. 예를 들면 '자명(自明)'은 부사성 한자어 어근 '자(自)'(스스로, 저절로)가 형용사성 한자어 어근 '명(明)'(밝다, 명백하다)를 수식하는 구조이다. 이와 같은 구조에서 수식 기능을 한 부사성 한자어 어근이 대부분 '극(極), 지(至), 최(最), 부/불(不)' 등으로 나타난다.

(18나)는 형용사성 한자어 어근이 명사성 한자어 어근을 수식하는 경우이다. 예를 들면 '고급(高級)'은 형용사성 한지어 이근 '고(高)'(높다)가 명사성 한자어 어근 '급(級)'(등급)을 수식하는 구조이다. 일반적으로 수식구조에서는 피수식 성분이 핵이 되므로 '고급(高級)'은 품사적으로는 명사가 된다. 그러나 의미적으로는 '고급(高級)'은 '등

급이 높음'을 나타내 상태성을 지닌다. 따라서 '-하다'와 결합하여 형용사를 파생할 수 있다. 이와 같은 구조에서 수식 기능을 한 형용사성 한자어 어근이 대부분 '다(多), 무(無), 유(有)' 등으로 나타난다.

　다음은 3음절 '-하다' 한자어 어근의 형태론적 특징을 살펴보겠다. 추출된 64개의 3음절 한자어 어근에 대한 분석 결과 그 중에 명사성 자립어근은 45개, 관형명사성 자립어근은 4개, 부사성 자립어근은 1개, 비자립어근은 14개가 있다. 3음절 어근은 1음절 및 2음절과 달리 자립어근이 압도적으로 많다. 상세 목록은 다음과 같다.

(19) 3음절 한자어 어근의 자립성: (64개)

　가. **명사성 자립어근(45개)**: 광범위(廣範圍), 몰상식(沒常識), 몰염치(沒廉恥), 몰지각(沒知覺), 무가치(無價値), 무감각(無感覺), 무관심(無關心), 무기력(無氣力), 무능력(無能力), 무분별(無分別), 무성의(無誠意), 무원칙(無原則), 무의미(無意味), 무자비(無慈悲), 무절제(無節制), 무정형(無定形), 무질서(無秩序), 무책임(無責任), 무표정(無表情), 무한정(無限定), 미성숙(未成熟), 부도덕(不道德), 부자유(不自由), 부조리(不條理), 불가결(不可缺), 불가능(不可能), 불가해(不可解), 불건강(不健康), 불공정(不公正), 불공평(不公平), 불규칙(不規則), 불균등(不均等), 불성실(不誠實), 불안정(不安定), 불철저(不徹底), 불충분(不充分), 불친절(不親切), 불투명(不透明), 불평등(不平等), 불합리(不合理), 불확실(不確實), 어중간(於中間), 태부족(太不足), 파렴치(破廉恥)

　나. **관형명사성 자립어근(4개)**:

무차별(無差別), 반투명(半透明), 부적합(不適合), 불완전(不完全)

다. 부사성 자립어근(1개): 부득이(不得已)

라. 비자립어근(14개): 공공연(公公然), 무관계(無關係), 부적당(不適當), 부적절(不適切), 부정직(不正直), 부정확(不正確), 불가피(不可避), 불건전(不健全), 불명확(不明確), 불분명(不分明), 불유쾌(不愉快), 불필요(不必要), 적나라(赤裸裸), 중차대(重且大)

　3음절 명사성 자립어근은 (20)에서 보여준 '무관심(無關心)'처럼 주격조사나 목적격조사, 부사격조사와 결합할 수 있어 자립어근의 자격을 갖춘다. 그 중에 (21)에서 보여준 '파렴치(破廉恥)'처럼 홀로 후행 명사를 수식하는 관형적 용법도 지닌 것은 '무감각(無感覺), 무정형(無定形), 무질서(無秩序), 불건강(不健康), 불공정(不公正), 불평등(不平等)' 등이 있다.[20]

　(20) 가. 어른의 <u>무관심</u>이 청소년을 비뚤어지게 만든다.

　　　 나. 이제 아빠의 <u>무관심</u>을 당연하게 여기던 시대는 지났다. MBC

---

20) 몰염치(沒廉恥): 일본의 몰염치, 정치권의 몰염치; 정부투자기관들의 <u>몰염치</u> 보도에 따르면…
　 무감각(無感覺): 무감각 속으로 빠져들다; <u>무감각</u> 상태로 앉아 있다.
　 무정형(無定形): 비움과 무정형은 한국인의 전통 정서를 대표한다.; <u>무정형</u> 상태, <u>무정형</u> 성운, <u>무정형</u> 물질.
　 무질서(無秩序): 혼란과 무질서를 틈타서…; <u>무질서</u> 상태
　 불건강(不健康): …은 불건강의 주요 원인이다.; <u>불건강</u> 상품, <u>불건강</u> 지대, <u>불건강</u> 상태
　 불공정(不公正): 분배의 불공정; <u>불공정</u> 거래, <u>불공정</u> 행위
　 불평등(不平等): 신분적 불평등; <u>불평등</u> 조약, 남녀 간 <u>불평등</u> 문제

예능 프로그램 [아빠! 어디가?]로 대한민국이 '아빠의 양육'에
관심을 돌리고 있다.

다. 폭력에 대한 <u>무관심과</u> 방임은 하루속히 고쳐야 한다.

(21) 가. 그건 내 알 바 아니나 설령 의병장을 하였다손 치더라도 그것
으로 과거의 <u>파렴치가</u> 상쇄된다는 생각을 한다면…. (박경리,
토지)

나. 현은 본시 지식인이던 사람이 벌써 중독자의 필연적 증상이랄
수 있는 <u>파렴치를</u> 애써 변호해 보려고 그같이 궤변을 늘어놓은
것입니다. (최명익, 심문)

다. <u>파렴치</u> 범죄, <u>파렴치</u> 행위

3음절 관형명사성 자립어근은 (22)에서 보여준 '무차별(無差別)'처
럼 홀로 후행 체언을 수식하는 관형적 용법을 지니는 동시에 주격조
사 및 목적격조사와 결합할 수 없고 몇 예문에서만 부사격조사와 결
합할 수 있다.

(22) 무차별(無差別): *무차별이, *무차별을, *무차별의, *무차별과, *무차
별이다.

군인들은 주민들에게 <u>무차별로</u> 사격했다.

<u>무차별</u> 공격, <u>무차별</u> 사격, <u>무차별</u> 폭격, <u>무차별</u>
난사

(23)에서 보여주듯이 '부득이(不得已)'는 문장에서 자립적으로 부
사로 사용 가능하다. 이와 같은 3음절 부사성 자립어근은 1개만 추
출하였다.

(23) 우리는 <u>부득이(不得已)</u> 그를 처벌하지 않을 수 없다.

한편 3음절 한자어 어근의 내적 구조는 대부분 파생어근이다.[21] 그 중에 접두사 '몰(沒)-, 무(無)-, 불/부(不)-' 등에 의하여 파생된 것이 대부분이고, 접미사 '-연(然)'에 의하여 파생된 것이 몇 개 밖에 없다.[22]

(24) '-하다' 형용사 3음절 한자어 어근 내적 구조

가. 접두파생

ㄱ. 몰(沒)-: 몰상식(沒常識), 몰염치(沒廉恥), 몰이해(沒理解), 몰인정(沒人情), 몰지각(沒知覺)

ㄴ. 무(無)-: 무관계, 무관심(無關心), 무기력(無氣力), 무능력(無能力), 무분별(無分別), 무소식(無消息), 무원칙(無原則), 무의미(無意味), 무의식(無意識), 무책임(無責任), 무차별(無差別), 무표정(無表情), 무한정(無限定)

ㄷ. 불/부(不)-: 불가능(不可能), 불공평(不公平), 불규칙(不規則), 불균등(不均等), 불충분(不充分), 불친절(不親切), 불투명(不透明), 불평등(不平等), 불필요(不必要), 불합리(不合理), 부도덕(不道德), 부자유(不自由), 부적당

---

21) 3음절 한자어 어근 가운데 파생어근이 아닌 경우도 있다. 예를 들면 '광범위(廣範圍), 어중간(於中間), 파렴치(破廉恥), 태부족(太不足), 중차대(重且大), 적나라(赤裸裸)', '불가결(不可缺), 불가피(不可避), 불가해(不可解)' 등이 있다.

22) (24가)에서 제시된 부정을 나타낸 '몰(沒)-, 무(無)-, 불/부(不)-' 등 합성어근은 한국어에서 파생구조로 보지만 중국어에서는 통사적 구조로 본다. 따라서 이와 같은 구조의 '-하다' 형용사가 중국어 화자의 관점에서 볼 때 한국어에서 파생어로 다룬 것에 대한 전반적인 검토가 필요하다.

(不適當), 부정당(不正當), 부조리(不條理), 부주의(不
注意)

나. 접미파생

-연(然): 공공연(公公然),[23] 득의연(得意然), 목석연(木石然), 암흑
연(暗黑然), 태고연(太古然)

마지막으로 4음절 '-하다' 한자어 어근의 형태론적 특징을 살펴보
겠다. 추출된 78개의 4음절 한자어 어근에 대한 분석 결과 그 중에
명사성 자립어근은 37개, 부사성 자립어근은 4개, 비자립어근은 37
개가 있으며, 관형명사성 자립어근은 없다(예 25). 4음절 '-하다' 한자
어 어근 중에 자립어근과 비자립어근이 차지하는 비중이 비슷하다.

(25) 4음절 한자어 어근의 자립성: (78개)

　가. **명사성 자립어근(37개)**: 고정불변(固定不變), 공명정대(公明正
大), 공평무사(公平無私), 광대무변(廣大無邊), 구구절절(句句節
節), 기상천외(奇想天外), 다재다능(多才多能), 다종다양(多種多
樣), 대동소이(大同小異), 득의만면(得意滿面), 명실상부(名實相
符), 무궁무진(無窮無盡), 무미건조(無味乾燥), 무소불위(無所不
爲), 보편타당(普遍妥當), 불가사의(不可思議), 불요불급(不要不
急), 불편부당(不偏不黨), 비일비재(非一非再), 오만불손(傲慢不
遜), 완전무결(完全無缺), 우유부단(優柔不斷), 위험천만(危險千
萬), 유명무실(有名無實), 유일무이(唯一無二), 의기소침(意氣銷
沈), 일사불란(一絲不亂), 자유분방(自由奔放), 잔인무도(殘忍無

---

23) 사전에서 '공공연(公公然)하다'의 비슷한 말로 '공공(公公)하다'를 제시하고 있다.

道), 전무후무(前無後無), 전지전능(全知全能), 천만다행(千萬多幸), 천의무봉(天衣無縫), 천진난만(天眞爛漫), 청렴결백(淸廉潔白), 파란만장(波瀾萬丈), 확고부동(確固不動)

나. 부사성 자립어근(4개):

기세등등(氣勢騰騰), 오밀조밀(奧密稠密), 철두철미(徹頭徹尾), 풍성풍성(豊盛豊盛)

다. 비자립어근(37개): 간단명료(簡單明瞭), 감개무량(感慨無量), 고색창연(古色蒼然), 괴상망측(怪常罔測), 구태의연(舊態依然), 기기묘묘(奇奇妙妙), 능수능란(能手能爛), 다정다감(多情多感), 득의만만(得意滿滿), 무지막지(無知莫知), 변화무쌍(變化無雙), 보무당당(步武堂堂), 복잡다기(複雜多岐), 복잡다단(複雜多端), 불효막심(不孝莫甚), 시기적절(時期適切), 애매모호(曖昧模糊), 오색찬란(五色燦爛), 용의주도(用意周到), 위풍당당(威風堂堂), 유효적절(有效適切), 의기양양(意氣揚揚), 의미심장(意味深長), 일목요연(一目瞭然), 자신만만(自信滿滿), 전도양양(前途洋洋), 전도유망(前途有望), 정정당당(正正堂堂), 주도면밀(周到綿密), 치기만만(稚氣滿滿), 해괴망측(駭怪罔測), 허무맹랑(虛無孟浪), 허심탄회(虛心坦懷), 화기애애(和氣靄靄), 황당무계(荒唐無稽), 휘황찬란(輝煌燦爛), 흥미진진(興味津津)

대표적인 예를 통해서 4음절 한자어 어근의 형태적 특성을 살펴보겠다. 4음절 명사성 자립어근 중에 '천만다행(千萬多幸)'처럼 주격조사와 결합할 수 있는 것도 있지만(예 26), 대부분은 (27)에서 보여준 '광대무변(廣大無邊), 불요불급(不要不急)'처럼 관형격조사와만 결합할 수 있다.[24] 4음절 명사성 자립어근의 경우 문장에서 격조사와의 결합은 1·2·3음절 명사성 자립어근보다 상당히 제한적임을 알 수 있다.

(26) 가. 꼭 죽는 줄만 알았는데, 그나마 경과가 좋다니, <u>천만다행</u>이 아닐 수 없다. (김춘복, 쌈짓골)

　　나. 그가 멀쩡히 살아 돌아와서 <u>천만다행이다</u>.

　　다. 목숨을 부지한 것만도 <u>천만다행으로</u> 알고 감사하는 마음으로 살아야 한다.

(27) 가. 광대무변(廣大無邊): <u>광대무변의</u> 우주, <u>광대무변의</u> 공간, <u>광대무변의</u> 농경지

　　나. 불요불급(不要不急): <u>불요불급의</u> 투자 재조정, <u>불요불급의</u> 사치품 수입

　　다. 유일무이(唯一無二): <u>유일무이의</u> 존재, <u>유일무이의</u> 계기, <u>유일무이의</u> 묘책

　　라. 전무후무(前無後無): 역사상 <u>전무후무의</u> 천재, 인류 역사상 <u>전무후무의</u> 대사건

4음절 부사성 자립어근의 경우 '기세등등(氣勢騰騰), 오밀조밀(奧密稠密)'처럼 문장에서 자립적으로 부사로 사용 가능하다. 이와 같은 4음절 부사성 자립어근이 많지 않아『빈도』(2002)에서 4개만 추출하

---

24) 관형격조사 '의'와만 결합 가능한 4음절 명사성 자립어근은 '광대무변(廣大無邊), 기상천외(奇想天外), 다종다양(多種多樣), 대동소이(大同小異), 득의만면(得意滿面), 명실상부(名實相符), 무미건조(無味乾燥), 무소불위(無所不爲), 보편타당(普遍妥當), 불요불급(不要不急), 불편부당(不偏不黨), 위험천만(危險千萬), 유일무이(唯一無二), 일사불란(一絲不亂), 잔인무도(殘忍無道), 전무후무(前無後無), 천의무봉(天衣無縫), 천진난만(天眞爛漫), 확고부동(確固不動)' 등이 있다.

였다(예 28).

(28) 가. 시원스러운 물줄기가 떨어지는 여궁폭포가 <u>기세등등</u> 나타난다.

　　 나. 이사 올 때만 해도 텅 비어 있던 거실이 아담한 가구로 <u>오밀조</u>
　　　　<u>밀</u> 꾸며져 있고 … (박완서, 도시의 흉년)

　　 다. 그는 <u>철두철미</u> 조선의 여자이며 독립운동에 몸 바쳤고…옥고
　　　　까지 치렀다. (박경리, 토지)

　　 라. 내마다 맑은 물이 <u>풍성풍성</u> 한가롭게 흐른다. (이양하, 이양하
　　　　수필선)

　한편 4음절 한자어 어근들은 사자성어로 볼 수 있는데 그 내적 구
조는 대부분 병렬구조와 주술구조이며, 수식구조도 없지 않다.

(29) '-하다' 형용사 4음절 한자어 어근 내적 구조:

　가. 병렬구조: 형용사성 한자어 어근+형용사성 한자어 어근

　　ㄱ. 간단명료(簡單明瞭), 고정불변(固定不變), 공평무사(公平無私),
　　　　다재다능(多才多能), 다종다양하다(多種多樣), 대동소이(大同小
　　　　異), 무궁무진(無窮無盡), 오만불손(傲慢不遜), 청렴결백(淸廉潔
　　　　白), 황당무계(荒唐無稽), 휘황찬란(輝煌燦爛)

　　ㄴ. 풍성풍성(豊盛豊盛), 간단간단(簡單簡單)

　나. 주술구조: 명사성 한자어 어근+형용사성 한자어 어근

　　　감개무량(感慨無量), 고색창연(古色蒼然), 명실상부(名實相符),
　　　변화무쌍(變化無雙), 시기적절(時期適切), 위풍당당(威風堂堂),
　　　의기소침(意氣銷沈), 의기양양(意氣揚揚), 의미심장(意味深長),
　　　천의무봉(天衣無縫)

다. 수식구조:

　ㄱ. **부사성 한자어 어근+형용사성 한자어 어근:**

　　천만다행(千萬多幸), 만분위중(萬分危重)

　ㄴ. **형용사성 한자어 어근+명사성 한자어 어근:**

　　만무일실(萬無一失)

　(29가)는 두 형용사성 한자어 어근이 대등한 자격으로 병렬된 구성이다. 그중에 (29가ㄱ)는 유사한 의미를 지닌 두 형용사성 한자어 어근이 병렬된 구성이며 (29가ㄴ)은 동일 형용사성 한자어 어근이 반복된 구조이다. 예를 들면 '간단명료(簡單明瞭)'는 형용사성 한자어 어근 '간단(簡單)'과 '명료(明瞭)'가 병렬되어 '간단하고 명료하함'을 나타낸다. (29나)는 명사성 한자어 어근과 형용사성 한자어 어근이 이루어진 주술구조의 예들이다. 예를 들면 '시기적절(時期適切)은 명사성 한자어 어근 '시기(時機)'와 형용사성 한자어 어근 '적절(適切)'로 구성된 주술구조로 '시기가 적절함'을 나타낸다. (29다)는 수식구조의 예인데 그 중에 '천만다행(千萬多幸)'(아주 다행하다)은 부사성 한자어 어근 '천만(千萬)'이 형용사성 한자어 어근 '다행(多幸)'을 수식하는 경우이고, '만무일실(萬無一失)'(실패하거나 실수할 염려가 조금도 없음)은 형용사성 한자어 어근이 명사성 한자어 어근을 수식하는 경우로 볼 수 있다.

　남지순(2007:62)에서 주술구조의 사자성어를 어근으로 한 형용사가 현대한국어의 단일 술어와 통사·의미적 속성이 이질적이라고 하여 이들은 형용사 목록에 포함되지 않고 별도의 논의 대상으로 다루어질 필요가 있다고 지적하였다. 그러나 '가빈(家貧), 담대(膽大), 심란(心亂)' 등 한자어 어근도 주술구조를 지닌다는 점을 고려할 때

이들을 형용사 목록에서 배제하면 안 될 것이다.

　4음절 어근은 음절수가 2음절보다 길뿐 형태적으로는 2음절과 내적 구조가 같은 것으로 나타난다. 2음절과 4음절 어근의 내적 구조를 보면 병렬구조이든 주술구조이든 수식구조이든 형용사성 한자어 어근이 꼭 들어가야 되는 것을 알 수 있다.

　이상 '-하다' 형용사 한자어 어근의 형태론적 특성을 살펴보았다. '-하다' 한자어 어근의 자립성을 표로 정리하면 다음 〈표 3〉과 같다. 전체적으로 볼 때 비자립어근이 차지하는 비중이 더 많지만, 어근의 음절수별로 살펴보면 1·2음절의 경우 대부분은 비자립어근이고, 3음절의 경우 대부분은 자립어근이며, 4음절의 경우 자립어근과 비자립어근이 비슷한 비중을 차지한다. 그리고 자립어근의 경우 대부분은 명사성 자립어근이며 부사성 자립어근은 15개밖에 없다. 비록 비자립어근이 자립어근보다 많지만, 명사성 자립어근(관형명사성 자립어근도 포함)의 수는 428개로 결코 간과할 수 없는 것이다.

〈표 3〉 제1유형 파생형용사 한자어 어근의 자립성

자립성 음절수	자립어근			비자립어근	합계
	명사성 자립어근	관형명사성 자립어근	부사성 자립어근		
1음절	6	-	-	47	53
2음절	271	65	10	533	879
3음절	45	4	1	14	64
4음절	37	-	4	37	78
합계	359	69	15	631	1,074
	443				

'-하다' 형용사 한자어 어근과 고유어 어근을 대조해 볼 때 비록 양자 모두 비자립어근이 차지하는 비중이 더 크다는 공통점이 있지만, 자립어근의 양상에 차이가 있다. 한자어 어근에 상당히 많은 양(428개)의 명사성 자립어근이 있는 데 반해, 고유어 어근에 11개의 명사성 자립어근밖에 없다. 또한 한자어 어근에 15개의 부사성 자립어근밖에 없는 데 반해, 고유어 어근에는 170개의 부사성 자립어근이 있다.25) '-하다' 형용사 한자어 어근과 고유어 어근의 이와 같은 형태론적 차이점에 대한 심층적인 검토가 필요해 보인다. 이에 대해서 4.3에서 자세히 살펴보기로 한다.

그리고 '-하다' 형용사 한자어 어근의 내적 구조를 살펴보면 단일어근과 파생어근도 있지만 대부분은 합성어근이다. 1음절 어근은 모두 단일어근이며, 3음절 어근은 대부분 '몰(沒)-, 무(無)-, 불/부(不)-' 등 접두사에 의하여 형성된 것이고 접미사 '-연(然)'에 의하여 형성된 것도 있다. 2음절 어근과 4음절 어근의 내적 구조가 같으며 모두 (30)처럼 나타난다. 그 중에 유사한 의미를 지닌 형용사성 한자어 어

---

25) 『빈도』에서 추출된 651개의 '-하다' 고유어 형용사의 어근에 대한 분석 결과 명사는 11개, 의존명사는 1개, 대명사는 3개, 부사는 170개가 있으며, 나머지 466개는 모두 비자립어근이다. 대표적인 예로 보이면 다음과 같다.
　가. 명사(11개): 가난하다, 고요하다, 얌전하다, 부지런하다, 알뜰하다, 부산하다, 시장하다, 유난하다, 미련하다, 새침하다, 퉁명하다
　　　의존명사(1개): 남짓하다
　　　대명사(3개): 무엇하다/뭐하다/뭣하다
　나. 부사(170개): 가득하다, 꼼꼼하다, 뾰족하다, 캄캄하다, 섬뜩하다, 오죽하다, 지긋지긋하다, 산뜻하다, 아찔하다, 화끈하다, 뭉클하다, 불룩하다, 아기자기하다, 깜깜하다 …
　다. 비자립어근(466개): 훌륭하다, 따뜻하다, 깨끗하다, 바람직하다, 착하다, 흔하다, 시원하다, 궁금하다, 뚜렷하다, 대단하다, 조용하다, 답답하다, 마땅하다, 엉뚱하다 …

근이 대등한 자격으로 병렬된 구조가 대부분이고 주술구조와 수식구조도 있다. 내적 구조의 공통점은 형용사성 한자어 어근이 들어가 있는 점이다.

(30) '-하다' 형용사 2·4음절 한자어 어근의 내적 구조

　가. 병렬구조: 형용사성 한자어 어근+형용사성 한자어 어근

　　　　　거대(巨大), 공평무사(公平無私)

　나. 주술구조: 명사성 한자어 어근+형용사성 한자어 어근

　　　　　성급(性急), 위풍당당(威風堂堂)

　다. 수식구조:

　　ㄱ. 부사성 한자어 어근+형용사성 한자어 어근

　　　　지독(至毒), 만분위중(萬分危重)

　　ㄴ. 형용사성 한자어 어근+명사성 한자어 어근

　　　　다양(多樣), 만무일실(萬無一失)

4.2.2 제2유형 한자어 파생형용사 어근의 형태론적 특성

본 절에서는 제2유형 '-답다, -롭다, -되다, -스럽다' 한자어 파생형용사 어근의 형태론적 특성을 살펴보고자 한다.

'-답다' 한자어 어근의 경우 『표준』(1999)에서 추출된 5개의 '-답다' 한자어 어근 파생형용사 중에 명사성 자립어근은 3개, 비자립어근은 2개가 있다(예 34). 그 중에 '정(情), 예(禮), 예모(禮貌)'는 '정을 쌓다, 예를 갖추다, 예모를 갖추다'처럼 목적격조사와 결합할 수 있어서 명사성 자립어근에 속한다. 이와 달리 어근 '시(實), 실(實)'의 경우 문장에서 자립적으로 쓰일 수 없는 비자립어근이다.

(31) '-답다' 한자어 어근의 자립성 (5개):

　　가. 명사성 자립어근(3개): 정(情), 예(禮), 예모(禮貌)

　　나. 비자립어근(2개): 시(實), 실(實)

'-롭다' 한자어 어근의 경우 『빈도』(2002)에서 추출된 38개의 '-롭다' 한자어 어근에 대한 분석 결과 명사성 자립어근은 30개, 관형명사성 자립어근은 1개, 비자립어근은 7개로 자립어근이 압도적으로 많다. 구체적 목록은 다음과 같다.

(32) '-롭다' 한자어 어근의 자립성: (38개)

　　가. 명사성 자립어근(30개): 의(義), 이(利), 해(害), 가소(可笑), 감미(甘味), 경이(驚異), 광휘(光輝), 권태(倦怠), 명예(名譽), 상서(祥瑞), 생기(生氣), 순조(順調), 신비(神秘), 여유(餘裕), 영예(榮譽), 영화(榮華), 예사(例事), 이채(異彩), 자비(慈悲), 자애(慈愛), 자유(自由), 정의(正義), 조화(調和), 지혜(智慧), 초조(焦燥),[26] 평화(平和), 풍요(豊饒), 향기(香氣), 호기(豪氣), 흥미(興味)

　　나. 관형명사성 자립어근(1개): 호화(豪華)

　　다. 비자립어근(7개): 공교(工巧), 다채(多彩), 단조(單調), 사사(私私), 위태(危殆), 한가(閑暇), 허허(虛虛)

대표적인 예를 통해서 '-롭다' 한자어 어근의 형태적 특성을 살펴

---

26) '초조(焦燥)'는 예문 '초조의 빛을 띠다', '초조와 불안', '눈물로 젖은 그 눈길에 두려움과 초조가 엇갈리고 있었다. (조정래, 태백산맥)'에서처럼 격조사 '의, 와, 가' 등과 결합할 수 있어서 명사성 자립어근이다.

보겠다. 명사성 자립어근인 '자유(自由)'는 (36가)에서 보여주듯이 목적격조사 및 주격조사, 관형격조사, 부사격조사 등과 두루 결합할 수 있어서 명사성 자립어근의 자격을 갖춘다. 그리고 '순조(順調)'는 비록 주격조사나 목적격조사, 관형격조사 등과 결합하지 못하지만 (36나)에서 보이듯이 부사격조사 '로'와 결합할 수 있으므로 문장에서 자립적으로 사용할 수 있는 점에서 명사성 자립어근으로 판단된다.[27]

(33) 가. 자유(自由): 자유를 누리다, 자류가 있다, 자유의 몸, 자유와 평등

나. 순조(順調): 일이 순조로 되는 걸 보니… (홍효민, 신라 통일)

'-롭다' 한자어 어근 가운데 관형명사성 자립어근은 '호화(豪華)'밖에 없다. '호화(豪華)'는 주격조사나 목적격조사, 부사격조사, 서술격조사 등과 결합하지 못하고, 특수한 경우에 관형격조사와 결합하여 '호화의 극치'로 쓰일 경우도 있지만, 주로 '호화 별장, 호화 여객선'처럼 홀로 후행 명사를 수식하는 용법으로 쓰인다. '호화(豪華)'는 '-롭다'뿐만 아니라 '-하다'와도 결합하여 형용사를 파생할 수 있다.

(34) 호화(豪華): *호화가, *호화를, *호화에, *호화로, *호화이다
호화의 극치

---

[27] 고영근·구본관(2008:223)에서 '감미(甘味)롭다, 가소(可笑)롭다, 공교(工巧)롭다, 사사(私私)롭다, 순조(順調)롭다'의 어근은 한자어들로서 명사로서 자립성을 가지지는 않지만 명사에 준하는 것으로 보았다. 이와 달리 본서는 '감미(甘味), 가소(可笑), 순조(順調)'는 '감미가 돌다, 가소를 금할 수 없다, 일이 순조로 되다'처럼 자립어근으로 보고, '공교(工巧), 사사(私私)'는 비자립어근으로 본다.

호화 별장, <u>호화</u> 생활, <u>호화</u> 해외여행, <u>호화</u> 주택, <u>호화</u>
여객선

위에 제시된 '-롭다' 한자어 어근 가운데 1음절 어근은 3개, 2음절
어근은 35개가 있으며, 3·4음절은 없다. 『표준』(1999)에 수록된 80
개의 '-롭-' 한자어 파생형용사에 대한 조사 결과 3음절 어근은 '부자
유(不自由)'만이 있으며 4음절 어근은 없다. 그 내적 구조를 살펴보
면 1음절 어근인 '의(義), 이(利), 해(害)'는 단일어근이며, 3음절 어근
인 '부자유(不自由)'는 파생어근이다. 그리고 2음절 어근은 대부분 합
성어근인데 그 내적 구조는 병렬구조와 수식구조만 있고 주술구조
가 없다.

(35) '-롭다' 형용사 한자어 어근의 내적 구조
　가. 병렬구조
　　ㄱ. 형용사성 한자어 어근+형용사성 한자어 어근:
　　　　권태(倦怠), 여유(餘裕), 위태(危殆), 초조(焦燥), 평화(平
　　　　和), 풍요(豊饒); 사사(私私), 허허(虛虛)
　　ㄴ. 명사성 한자어 어근+명사성 한자어 어근:
　　　　상서(祥瑞), 광휘(光輝), 지혜(智慧), 정의(正義), 낭패(狼
　　　　狽), 예지(叡智)
　　ㄷ. 동사성 한자어 어근+동사성 한자어 어근:
　　　　조화(調和), 경이(驚異), 저주(詛呪)
　나. 수식구조: 형용사성 한자어 어근+명사성 한자어 어근
　　　감미(甘味), 단조(單調), 생기(生氣), 예사(例事), 이채(異彩), 향
　　　기(香氣), 호기(豪氣)

'-롭다' 한자어 어근과 '-하다' 한자어 어근의 내적 구조는 차이점이 많이 나타난다. 병렬구조의 경우 '-하다'는 두 형용사성 한자어 어근이 병렬된 구성만 가능한 데 반해, '-롭다'는 두 형용사성 한자어 어근이 병렬된 구성뿐만 아니라 두 명사성 한자어 어근이나 두 동사성 한자어 어근이 병렬된 구성도 나타난다. (35가)에서 '권태(倦怠), 초조(焦燥)'는 두 형용사성 한자어 어근이 병렬된 구성이며, '상서(祥瑞), 지혜(智慧)'는 두 명사성 한자어 어근이 병렬된 구성이고, '조화(調和), 저주(詛呪)'는 두 동사성 한자어 어근이 병렬된 구성이다. 이들 병렬구성의 공통점은 두 한자 어근이 유사한 의미를 지니는 것이다.

수식구조의 경우 '-하다'는 형용사성 한자어 어근이 명사성 한자어 어근을 수식하는 구조 및 부사성 한자어 어근이 형용사성 한자어 어근을 수식하는 구조가 있는 데 반해, '-롭다'는 형용사성 한자어 어근이 명사성 한자어 어근을 수식하는 구조만 있다. '-하다' 합성어근에 있는 부사성 한자어 어근이 형용사성 한자어 어근을 수식하는 구조가 '-롭다' 합성어근에 나타나지 않는다. (35나)에서의 '이채(異彩)'(이상한 광채)처럼 형용사성 한자어 어근 '이(異)'가 명사성 한자어 어근 '채(彩)'를 수식하는 구조이다.

주술구조의 경우 '-하다'에 적지 않게 나타나지만 '-롭다'에 나타나지 않는다.

'-되다' 한자어 어근의 경우 『표준』(1999)에서 추출된 20개의 '-되다' 한자어 어근 파생형용사에 대한 분석 결과 그 중에 명사성 자립어근은 8개, 비자립어근은 12개가 있다.

(36) '-되다' 한자어 어근의 자립성: (20개)

    가. 명사성 자립어근(8개): 복(福), 속(俗), 욕(辱), 망령(妄靈), 세련(洗練/洗鍊), 영광(榮光), 유감(遺憾), 충성(忠誠)

    나. 비자립어근(12개): 삿(邪), 삿(私), 상(常), 생(生), 순(順), 잡(雜), 졸(卒), 어중(於中), 외람(猥濫), 충만(充滿), 편벽(偏僻), 허황(虛荒)

(36가)에서의 어근들은 '망령을 부리다, 복을 누리다, 세련을 거치다, 영광을 차지하다, 욕을 먹다, 유감을 품다, 충성을 바치다' 등처럼 목적격조사와 결합하여 통사적 구성을 이룰 수 있는 명사성 자립어근들이다. 이와 달리 (36나)에서의 어근들은 어떤 격조사와도 결합할 수 없다. 그 중에 한자어에 'ㅅ'을 결합한 '삿(邪/私)'에 대해서 고영근·구본관(2008:223)에서는 이 'ㅅ'은 '-되다'가 자음으로 끝나는 어근 뒤에서만 쓰일 수 있기 때문에 들어간 요소라고 저적하였다.

(37) '-되다' 형용사 한자어 어근의 내적 구조

    가. 병렬구조

    ㄱ. 형용사성 한자어 어근+형용사성 한자어 어근: 편벽(偏僻), 허황(虛荒), 외람(猥濫)

    ㄴ. 동사성 한자어 어근+동사성 한자어 어근: 세련(洗練/洗鍊)

    나. 수식구조: 형용사성 한자어 어근+명사성 한자어 어근: 영광(榮光), 망령(妄靈)

    다. 술보구조: 동사성 한자어 어근+보어: 충만(充滿)

'-되다' 한자어 어근의 내적 구조는 단일어근과 합성어근만 있고 파생어근은 없다. 합성어근에는 병렬구조뿐만 아니라 술보구조도 나타난다. 병렬구조에는 '허황(虛荒)'처럼 두 형용사성 한자어 어근이 병렬된 것도 있고, '세련(洗練/洗鍊)'처럼 두 동사성 한자어 어근이 병렬된 것도 있다. '영광(榮光)'처럼 형용사성 한자어 어근이 명사성 한자어 어근을 수식하는 구조가 있다. 그리고 '충만(充滿)'처럼 동사성 한자어 어근과 이를 보충·설명하는 보어가 구성된 술보구조도 있다. 이와 같은 술보구조는 앞에서 살펴본 '-하다'와 '-롭다'에서 나타나지 않는다.

마지막으로 '-스럽다' 한자어 어근의 경우를 살펴보겠다. 『표준』(1999)에서 '-스럽다' 한자어 어근 파생형용사 428개를 추출하였는데 그 중에 『빈도』(2002)에 수록된 것은 118개이다. 이 118개의 '-스럽다' 한자어 어근에 대한 조사 결과 음절수별로 보면 1음절은 10개, 2음절은 105개, 3음은 3개가 있으며, 4음절인 것은 없다.[28] 어근의 자립성을 보면 명사성 자립어근은 97개, 관형명사성 자립어근은 3개, 비자립어근은 18개로 자립어근이 비자립어근보다 압도적으로 많다. 구체적 목록은 다음과 같다.

(38) '-스럽다' 한자어 어근의 자립성: (118개)

　　가. 명사성 자립어근(97개): 덕(德), 복(福), 색(色), 죄(罪), 촌(村), 탐(貪); 가증(可憎), 감격(感激), 감동(感動), 감탄(感歎), 개탄(慨歎), 거만(倨慢), 경멸(輕蔑), 경박(輕薄), 경사(慶事), 고생

---

28) 『표준』(1999)에 수록된 428개의 '-스럽다' 한자어 어근 파생형용사 중에 어근이 4음절인 것은 '무지막지스럽다(無知莫知), 허랑방탕스럽다(虛浪放蕩), 흉악망측스럽다(凶惡罔測)' 3개밖에 없다.

(苦生), 고역(苦役), 고집(固執), 고통(苦痛), 고풍(古風), 곤욕
(困辱), 곤혹(困惑), 교만(驕慢), 궁색(窮塞), 극성(極盛), 낭패
(狼狽), 다정(多情), 다행(多幸), 당혹(當惑), 당황(唐慌), 독살
(毒煞), 만족(滿足), 망신(亡身), 몰풍(沒風), 무지(無知), 미안
(未安), 번잡(煩雜), 변덕(變德), 부담(負擔), 불경(不敬), 불량
(不良), 불만(不滿), 불미(不美), 불안(不安), 불편(不便), 불평
(不平), 비감(悲感), 비밀(秘密), 사치(奢侈), 소란(騷亂), 소망
(所望), 수치(羞恥), 신비(神秘), 신산(辛酸), 실망(失望), 애교
(愛嬌), 야단(惹端), 여성(女性), 염려(念慮), 영광(榮光), 외설
(猥褻), 요란(搖亂), 요사(妖邪), 용맹(勇猛), 우려(憂慮), 원망
(怨望), 위엄(威嚴), 위험(危險), 유감(遺憾), 의문(疑問), 의심
(疑心), 의아(疑訝), 이물(異物), 이상(異常), 자연(自然), 자유
(自由), 잔망(孱妄), 저주(詛呪), 정성(精誠), 조심(操心), 창피
(猖披), 천진(天眞), 충성(忠誠), 치욕(恥辱), 탐욕(貪慾), 태연
(泰然), 태평(太平), 평화(平和), 허풍(虛風), 혐오(嫌惡), 호사
(豪奢), 혼란(混亂), 효성(孝誠), 후회(後悔), 흉물(凶物); 부자유
(不自由), 불명예(不名譽)

나. **관형명사성 자립어근(3개):** 고급(高級), 천연(天然), 호화(豪華)

다. **비자립어근(18개):** 별(別), 상(常), 성(聖), 잡(雜); 구차(苟且), 면구(面炙), 번다(煩多), 송구(悚懼), 신령(神靈), 심통(心痛), 영악(靈惡), 외람(猥濫), 우악(愚惡), 조잡(粗雜), 죄송(罪悚), 치사(恥事), 한심(寒心); 부자연(不自然)

    대표적인 예를 통해서 '-스럽다' 한자어 어근의 자립성을 살펴보겠다. 명사성 자립어근의 경우 (39)에서 보여준 '탐(貪), 고통(苦痛), 불

명예(不名譽)'처럼 문장에서 주격조사나 목적격조사 등 격조사와 결합할 수 있어 명사성 자립어근에 속한다. 1음절 어근인 '덕(德), 복(福), 색(色), 죄(罪), 촌(村)' 등도 '덕이 높다, 덕을 베풀다', '복이 없다, 복을 받다', '색이 어둡다, 색을 칠하다', '죄가 많다, 죄를 짓다', '촌에서 살다, 촌으로 이사가다' 등 통사적 구성을 형성하여 문장에서 자립적으로 쓰일 수 있는 명사성 자립어근이다.

(39) 가. 탐(貪): 아무리 <u>탐이</u> 나도 물건을 도적질해서는 안 된다.
촬영 감독이 보았다면 <u>탐을</u> 낼 만큼 영화배우의 소질을 풍부히 가진….
나. 고통(苦痛): 말할 수 없는 <u>고통이</u> 온몸을 꿰뚫고 지나갔다.
(홍성암, 큰물로 가는 큰 고기)
나는 그 <u>고통을</u> 꼭꼭 견디어 참아냈다.
<u>고통에</u> 시달리던 환자도 어느새 너눅이 잠이 들었다.
엄마의 인생은 그야말로 <u>고통의</u> 연속이었다.
다. 불명예(不名譽): 통치자는 이런 일로 <u>불명예를</u> 입지 않도록 항상 정의로운 태도를 갖춰야 한다. (김희진 역, 귀차르디니의 처세의 법칙)

2음절 '-스럽다' 명사성 자립어근 가운데 다음 (40)에서 보여준 '불량(不良)'처럼 홀로 후행 명사를 수식하는 관형적 용법을 지닌 것도 있다. '외설(猥藝)'도 '외설 문학, 외설 서적, 외설 영화, 외설 비디오'처럼 관형적 용법을 지닌 명사성 어근이다.

(40) 가. 공산품 가운데 <u>불량이</u> 많다.

나. 위나 장이 허약한 체질의 사람은 스트레스, 과식 등으로 소화
　　　불량을 일으키기 쉽다. (최용식, 생활 속의 민간식이요법 1001
　　　가지)

다. 불량 청소년, 불량 소녀, 불량 소년, 불량 학생, 불량 교민, 불
　　　량 주택, 불량 식품, 불량 서적

'-스럽다' 한자어 어근 가운데 관형명사성 자립어근은 '고급(高級),
천연(天然), 호화(豪華)'밖에 없다. 이들은 주격조사 및 목적격조사와
결합하지 못하고 몇 예문에서 (42)처럼 관형격조사와 결합할 수 있
지만 주로 (41)처럼 홀로 후행 명사를 수식하는 용법으로 쓰인다.

(41) 가. 고급(高級): 고급 비단, 고급 음식, 고급 주택, 고급 렌즈, 고급
　　　재료, 고급 시계, 고급 아파트, 고급 담배, 고급 인력, 고급 군
　　　관, 고급 장교, 고급 승용차

나. 천연(天然): 천연 색채, 천연 샘물, 천연 보석, 천연 요새, 천연
　　　세제, 천연 섬유, 천연 식품, 천연 종유 동굴, 천연 과즙 음료,
　　　천연 기념물, 천연 비누

다. 호화(豪華): 호화 생활, 호화 별장, 호화 주택, 호화 저택

(42) 가. 고급의 삶, 고급의 식당

나. 천연의 힘, 천연의 아름다움

다. 호화의 극치, 호화의 상징

'-스럽다' 한자어 어근의 내적 구조는 역시 합성어근이 대부분이
다. '-스럽다' 합성어근의 내적 구조는 다음과 같다.

(43) '-스럽다' 형용사 한자어 어근의 내적 구조

　　가. 병렬구조

　　　　ㄱ. 형용사성 한자어 어근+형용사성 한자어 어근:

　　　　　　거만(倨慢), 궁색(窮塞), 번잡(煩雜), 소란(騷亂), 신산(辛

　　　　　　酸), 요사(妖邪), 용맹(勇猛), 조잡(粗雜)

　　　　ㄴ. 동사성 한자어 어근+동사성 한자어 어근:

　　　　　　감탄(感歎), 개탄(慨歎), 부담(負擔), 혐오(嫌惡)

　　　　ㄷ. 명사성 한자어 어근+명사성 한자어 어근:

　　　　　　낭패(狼狽), 우려(憂慮)

　　나. 수식구조:

　　　　ㄱ. 부사성 한자어 어근+형용사성 한자어 어근:

　　　　　　극성(極盛), 불량(不良), 불미(不美)

　　　　ㄴ. 형용사성 한자어 어근+명사성 한자어 어근:

　　　　　　다정(多情), 탐욕(貪慾), 이물(異物), 흉물(凶物), 고역(苦

　　　　　　役), 고풍(古風)

　　다. 주술구조: 명사성 한자어 어근+형용사성 한자어 어근: 심통(心痛)

　　라. 술목구조: 동사성 한자어 어근+명사성 한자어 어근: 실망(失

　　　　望), 망신(亡身)

　　(43)에서 보이듯이 '-스럽다' 한자어 어근의 내적 구조는 병렬구조,
수식구조, 주술구조뿐만 아니라 술목구조도 나타난다. 병렬구조의
경우 '조잡(粗雜)'처럼 두 형용사가 병렬된 구조 및 '부담(負擔)'처럼
두 동사가 병렬된 구조, '낭패(狼狽)'처럼 두 명사가 병렬된 구조가
모두 나타난다. 수식구조의 경우도 '극성(極盛)'처럼 부사성 한자어
어근이 형용사성 한자어 어근을 수식하는 구조와 '탐욕(貪慾)'처럼

형용사성 한자어 어근이 명사성 한자어 어근을 수식하는 구조가 모두 나타난다. 이 외에 '마음이 아픔'을 나타낸 '심통(心痛)'은 주술구조이며, '희망을 잃음'을 나타낸 '실망(失望)'은 술목구조이다. 술목구조는 '-스럽다' 한자어 어근에서만 나타난다.

이상 제2유형 '-답다, -롭다, -되다, -스럽다' 한자어 파생형용사 어근의 형태론적 특성을 살펴보았다. '-스럽다, -롭다' 한자어 어근과 앞에서 살펴본 '-하다' 한자어 어근의 자립성을 대조해 보면 '-스럽다, -롭다' 한자어 어근은 대부분 자립어근인 데 반해, '-하다' 형용사 한자어 어근은 대부분 비자립어근이다. 제2유형 한자어 어근의 자립성은 표로 정리하면 다음과 같다.

〈표 4〉 제2유형 파생형용사 한자어 어근의 자립성

접미사 \ 자립성	자립어근		비자립 어근	합계
	명사성 자립어근	관형명사성 자립어근		
-롭다	30	1	7	38
-답다	3	-	2	5
-되다	8	-	12	20
-스럽다	97	3	18	118
합계	138	4	39	181
	142			

제2유형 한자어 합성어근의 내적 구조는 '-하다'와 차이가 많이 나타난다. 병렬어근의 경우 '-하다'에는 두 형용사성 한자어 어근이 병렬된 구성만 있지만, '-롭다, -스럽다' 등에는 두 형용사성 한자어 어근이 병렬된 것('권태(倦怠), 번잡(煩雜)')뿐만 아니라 두 동사성 한자어 어근이 병렬된 것('세련(洗練), 부담(負擔)')과 두 명사성 한자어

어근이 병렬된 것('상서(祥瑞), 낭패(狼狽)')도 적지 않게 나타난다. 주술구조의 경우 '-하다'에는 많이 나타난 데 반해 제2유형은 '-스럽 다'에만 몇 개 있다('심통(心痛)'). 그리고 제2유형에는 '-하다'에 없는 술목구조('실망(失望), 망신(亡身)')와 술보구조('충만(充滿), 요란(搖 亂)')도 나타난다. 제2유형 파생형용사 한자어 합성어근의 내적 구조 를 표로 정리하면 다음과 같다.[29]

〈표 5〉 제2유형 파생형용사 한자어 어근의 내적 구조

합성어근 접미사	병렬			수식구조		주술 구조	술목 구조	술보 구조
	형+형	동+동	명+명	부+형	형+명			
-롭다	O	O	O	-	O	-	-	-
-되다	O	O	-	-	O	-	-	O
-스럽다	O	O	O	O	O	O	O	-

4.2.3 제3유형 한자어 파생형용사 어근의 형태론적 특성

본 절에서는 제3유형 '-쩍다, -궂다, -맞다, -지다' 한자어 파생형용 사 어근의 형태론적 특성을 살펴보고자 한다.

'-쩍다' 한자어 어근의 경우 『표준』(1999)에서 추출된 15개의 '-쩍 다' 파생형용사 한자어 어근에 대한 분석 결과 그 중에 명사성 자립 어근은 8개, 비자립어근은 7개가 있다(예 44).[30] (44가)에서의 어근

---

29) 〈표 5〉에서의 '형+형'과 '동+동' 등은 '형용사성 한자어 어근+형용사성 한자어 어근' 및 '동사성 한자어 어근+동사성 한자어 어근' 등을 나타낸 것이다. (下同)

30) '-쩍다' 고유어 어근은 한자어 어근과 달리 자립어근은 2개('멋쩍다, 짓쩍다'), 비자립 어근은 9개(갱충쩍다, 계면쩍다, 구살머리쩍다, 궤란쩍다, 귀살머리쩍다, 귀살쩍다, 맥쩍다, 해망쩍다, 행망쩍다)로 비자립어근이 더 많다.

들은 '낯선 객이 오다, 무안을 당하다, 미심이 있다, 미안을 끼치다,
계절의 별미를 즐기다, 의심을 품다, 의아를 느끼다, 혐의가 있다' 등
처럼 주격조사나 목적격조사와 결합하여 통사적 구성을 이룰 수 있
어 자립성을 지닌 명사들이다. 이와 달리 (44나)에서의 어근들이 어
떤 격조사와도 결합할 수 없어 자립성을 지니지 못한다.

(44) '-쩍다' 한자어 어근의 자립성

    가. 명사성 자립어근(8개):

        객쩍다(客); 무안쩍다(無顔), 미심쩍다(未審), 미안쩍다(未安),

        별미쩍다(別味), 의심쩍다(疑心), 의아쩍다(疑訝), 혐의쩍다(嫌疑)

    나. 비자립어근(7개):

        겸연쩍다(慊然), 괴란쩍다(愧赧), 괴이쩍다(怪異), 면구쩍다(面
        灸), 면난쩍다(面赧), 수상쩍다(殊常), 황송쩍다(惶悚)

  '-궂다' 한자어 어근의 경우 『표준』(1999)에서 추출된 4개의 '-궂다'
파생형용사 한자어 어근에 대한 분석 결과 그 중에 명사성 자립어
근은 1개, 비자립어근은 3개가 있다(예 45). '심술(心術)'은 '심술을
떨다/피우다' 등처럼 목적격조사와 결합하여 통사적 구성을 이룰
수 있어 자립성을 지닌 명사들이다. 이와 달리 '패려(悖戾), 험(險),
험상(險狀)'은 어떤 격조사와도 결합할 수 없어 자립성을 지니지 못
한다.

(45) '-궂다' 한자어 어근의 자립성

    가. 명사성 자립어근(1개): 심술궂다(心術)

    나. 비자립어근(3개): 패려궂다(悖戾), 험궂다(險), 험상궂다(險狀)

'-맞다' 한자어 어근의 경우 『표준』(1999)에서 추출된 7개의 '-맞다' 파생형용사 한자어 어근에 대한 분석 결과 그 중에 명사성 자립어근은 6개, 비자립어근은 1개로 주로 자립어근임을 알 수 있다(예 46). (46가)에서의 어근들은 '가증을 부리다, 궁상을 떨다, 극성을 누리다, 변덕을 떨다, 사풍을 부리다, 흉증을 떨다' 등처럼 목적격조사와 결합하여 통사적 구성을 이룰 수 있어 자립성을 지닌 명사들이다. 이와 달리 '증상(憎狀)'은 어떤 격조사와도 결합할 수 없어 자립성을 지니지 못한다.

(46) '-맞다' 한자어 어근의 자립성
    가. 명사성 자립어근(6개): 가증(可憎)맞다, 궁상(窮狀)맞다, 극성(極盛)맞다, 변덕(變德)맞다, 사풍(斜風)맞다, 흉증(凶證)맞다
    나. 비자립어근(1개): 증상(憎狀)맞다

한자어 어근과 달리 '-맞다'가 고유어 어근을 취할 경우 다음 (47)에서 보이듯이 자립어근은 10개, 비자립어근은 26개로 비자립어근은 대부분이다.

(47) 가. 명사성 자립어근: (10개)
        간살맞다, 근천맞다, 넉살맞다, 능청맞다, 방정맞다, 새퉁맞다, 시름맞다 …
    나. 비자립어근: (26개)
        갱충맞다, 구성맞다, 는질맞다, 능갈맞다, 능글맞다, 던적맞다, 데퉁맞다 …

'-지다' 한자어 어근의 경우 『표준』(1999)에서 추출된 10개의 '-지다' 한자어 어근 파생형용사 에 대한 분석 결과 명사성 자립어근은 8개가 있으며, 비자립어근은 2개밖에 없다. (48가)에서의 어근들이 '강단이 세다, 거만을 떨다, 굴곡을 겪다, 기혼 남성, 현대 여성, 오기를 피우다, 윤이 흐르다, 잔풍이 불다'처럼 격조사와 결합하거나 피수식어가 될 수 있어 문장에서 자립적으로 쓸 수 있다. 이와 달리 (48나)에서의 어근 '다기(多氣), 성근(誠勤)'은 자립성을 지니지 못한다.

(48) '-지다' 한자어 어근의 자립성

　가. 명사성 자립어근(8개): 윤지다(潤); 강단지다(剛斷), 거만지다(倨慢), 굴곡지다(屈曲), 남성지다(男性), 여성지다(女性), 오기지다(傲氣), 잔풍지다(殘風)

　나. 비자립어근(2개): 다기지다(多氣), 성근지다(誠勤)

제3유형의 한자어 어근에 1·2음절만 있고 3음절이 없으므로 파생어근이 없다. 제3유형 합성어근의 경우 내적 구조는 (49)와 같다. 그중에 상대적으로 많이 나타난 구조는 형용사성 한자어 어근이 명사성 한자어 어근을 수식하는 구조이다.

(49) 제3유형 형용사 한자어 어근의 내적 구조

　가. 병렬구조

　　ㄱ. 형용사성 한자어 어근+형용사성 한자어 어근:
　　　괴이(怪異)-쩍다, 패려(悖戾)-궂다, 거만(倨慢)-지다

　　ㄴ. 동사성 한자어 어근+동사성 한자어 어근: 혐의(嫌疑)-쩍다

나. 수식구조:

　ㄱ. **부사성 한자어 어근+형용사성 한자어 어근**: 극성(極盛)-맞다

　ㄴ. **형용사성 한자어 어근+명사성 한자어 어근**: 별미(別味)-쩍
다, 험상(險狀)-궂다, 사풍(斜風)-맞다, 흉증(凶證)-맞다, 오
기(傲氣)-지다, 잔풍(殘風)-지다

다. **주술구조: 명사성 한자어 어근+형용사성 한자어 어근**: 면난(面
赧)-쩍다

이상 제3유형 '-쩍다, -궂다, -맞다, -지다' 파생형용사 한자어 어근
의 형태론적 특징을 살펴보았는데 그 자립성을 표로 정리하면 다음
과 같다.

〈표 6〉 제3유형 파생형용사 한자어 어근의 자립성

접미사 ＼ 자립성	명사성 자립어근	비자립 어근	합계
-쩍다	8	7	15
-궂다	1	3	4
-맞다	6	1	7
-지다	8	2	10
합계	23	13	36

본 장에서 한자어 어근 파생형용사를 유형별로 그 어근의 형태론
적 특성을 살펴보았다. 각 유형 한자어 어근 파생형용사 어근의 자
립성을 표로 정리하면 다음과 같다.

<표 7> 각 유형 파생형용사의 한자어 어근 자립성 비교

접미사 자립성		자립어근			비자립 어근	합계
		명사성 자립어근	관형명사성 자립어근	부사성 자립어근		
제1유형	-하다	359	69	15	631	1074
제2유형	-답다	3	-	-	2	5
	-롭다	30	1	-	7	38
	-되다	8	-	-	12	20
	-스럽다	97	3	-	18	118
제3유형	-쩍다	8	-	-	7	15
	-궂다	1	-	-	3	4
	-맞다	6	-	-	1	7
	-지다	8	-	-	2	10
합계		520	73	15	683	1,291
		608				

〈표 7〉에서 보듯이 전체적으로 볼 때 파생형용사 한자어 어근은 자립어근과 비자립어근의 숫자는 비슷하지만, 각 유형 한자어 어근의 자립성에는 차이가 난다. 그 차이점은 다음과 같다. 첫째, 제1유형의 '-하다' 형용사 한자어 어근은 비자립어근이 우세하게 나타나는 반면 제2유형의 '-스럽다, -롭다' 등의 어근은 대부분 자립어근이다. 한편 제3유형의 어근은 자립어근과 비자립어근이 비슷하게 나타난다. 둘째, 부사성 자립어근은 '-하다' 형용사 한자어 어근에만 나타난다. 셋째, 관형명사성 자립어근은 주로 '-하다' 한자어 어근에 나타나며, '-롭다, -스럽다' 한자어 어근에 나타난 것은 모두 '-하다'와 결합할 수 있다.

각 유형 파생형용사 한자어 어근과 고유어 어근의 형태론적 차이점도 살펴봤는데 정리하면 다음과 같다. 첫째, '-하다' 한자어 어근은 상당히 많은 양(428개)의 명사성 자립어근이 나타난 데 반해, '-하다'

고유어 어근에는 11개의 명사성 자립어근밖에 없다. 또한 '-하다' 한자어 어근은 15개의 부사성 자립어근밖에 없는 데 반해, '-하다' 고유어 어근에는 170개의 부사성 자립어근이 나타난다. '-하다' 형용사 한자어 어근과 고유어 어근은 자립어근의 양상에 있어서 완전히 상반된다고 할 수 있다. 둘째, '-쩍다' 한자어 어근의 경우 자립어근과 비자립어근의 양이 비슷한 데 반해, '-쩍다' 고유어 어근의 경우 비자립어근이 더 많이 나타난다. 셋째, '-맞다' 한자어 어근의 경우 자립어근이 더 많은 데 반해, 고유어 어근의 경우 비자립어근이 훨씬 더 많이 나타난다.

파생형용사 한자어 어근의 내적 구조를 살펴보면 단일어근, 합성어근과 파생어근이 있다. 각 유형 파생형용사 한자어 합성어근의 내적 구조를 표로 정리하면 다음과 같다.

〈표 8〉 각 유형 파생형용사의 한자어 어근 내적 구조 비교

합성어근 접미사	병렬			수식구조		주술 구조	술목 구조	술보 구조
	형+형	동+동	명+명	부+형	형+명	명+형	동+명	동+보어
제1유형	O	-	-	O	O	O	-	-
제2유형	O	O	O	O	O	O	O	O
제3유형	O	O	-	O	O	O	-	-

합성어근의 경우 제1유형과 제2·3유형 사이에 공통점도 있지만 차이점이 많이 나타난다. 공통점은 세 유형은 모두 수식구조와 주술구조의 어근과 결합할 수 있다. 차이점은 둘째, 병렬구조의 경우 제1유형에는 두 형용사성 한자어 어근이 병렬된 구성만 있지만, 제2·3유형에는 두 형용사성 한자어 어근이 병렬된 구성('권태(倦怠), 번잡

(煩雜)')뿐만 아니라 두 동사성 한자어 어근이 병렬된 구성('세련(洗練), 부담(負擔)')과 두 명사성 한자어 어근이 병렬된 구성('상서(祥瑞), 낭패(狼狽)')도 적지 않게 나타난다. 둘째, 주술구조의 경우 제1유형에는 많이 나타난 데 반해 제2유형은 '-스럽다'에만 몇 개가 나타난다('심통(心痛)'). 셋째, 제2유형에는 '-하다'에 없는 술목구조('실망(失望), 망신(亡身)')와 술보구조('충만(充滿), 요란(搖亂)')도 나타난다.[31)]

4.3 '-하다' 파생형용사 한자어 어근과 중국어 용법과의 관계

앞에서 살펴보았듯이 '-하다' 형용사 한자어 어근에 상당히 많은 양(428개)의 명사성 자립어근이 있는 데 반해, 고유어 어근에 11개의 명사성 자립어근밖에 없다.[32)] '-하다' 형용사 한자어 어근과 고유어

---

31) 제2·3 유형은 제1유형과 다른 내적 구조를 지니는 것은 파생 차이가 나타나는 이유가 된다.

32) 문헌자료에 대한 확인 결과 현대한국어에서 명사성 자립어근으로 판별된 '고요, 얌전, 부지런, 미련, 알뜰, 시장, 유난' 등 '-하다' 형용사의 고유어 어근은 원래부터 명사로 사용된 것이 아니라 해당 형용사에서의 비자립어근이 어근 분리 현상을 통해 이차적으로 명사성을 획득한 것으로 보인다. 그 중에 명사 '고요'의 경우 『표준』에서 명사 '고요'의 어원을 '고요<괴오<괴외<천자문(광주천자문)(1575)>'로 제시하여 16세기부터 명사로 쓰인 것으로 보고 있지만, 문헌자료에 대한 확인 결과는 『천자문』(1575)에서의 '괴외'는 명사로 쓰인 것이 아니라 한자의 훈으로 쓰인 것이다. 다음 예에서 보이듯이 중세한국어와 근대한국어에서 '괴외'나 '괴오', '고요'가 단독으로 쓰일 때는 모두 한자의 훈으로 나타난 것이다. 이것도 자립성이 약해서 『천자문』(1730) 및 『정몽유어』(1884)에서는 '고요흘/고요할'처럼 형용사의 어근으로 나타난다.
예: 寂 괴외 적, 寥 괴외 료 (1575 천자문_광주); 괴오 적 寂, 괴오 료 寥 (1661천자문_칠장사)
靜 고요흘 정 (1730 천자문_송광사); 靜 고요 정 (1752 주해천자문)

어근의 이와 같은 차이점은 우리가 간과한 한자어 어근의 특성이 있는지에 대해 검토할 필요가 있음을 의미한다.

주지하는 바와 같이 많은 한자어 계열의 동사나 형용사는 한문을 한국어로 언해 또는 번역하는 과정에서 수용된 것들이다.[33] 이때 토 'ᄒ다'에 연결되는 것들은 원래 한문에서 동사나 형용사(때로는 부사)인 것으로 생각한다. 이를 증명하기 위해서 모든 용례가 문헌자료에서의 용법을 고찰할 필요가 있으나, 한문의 후대형인 현대중국어의 용법에서도 명확한 상관성을 발견할 수 있으므로 현대중국어의 용법과 비교하여 논의를 진행하기로 한다.[34]

한자어가 현대중국어에서의 용법을 확인하기 위하여 현재 중국어사전의 표준으로 권위를 인정받고 있는『현대한어사전』(중국사회과학원 언어연구소, 제6판, 2012)을 활용하였으며, 한자어가 고대중국어나 근대중국어에서의 용법을 확인하기 위하여 대표적인 인터넷사전『漢典』을 활용하였다.

'-하다' 형용사의 한자어 어근이 중국어에서의 용법을 살펴볼 때 '-하다' 한자어 어근 파생형용사 중 가장 큰 비중을 차지하는 2음절 한자어 가운데 한·중 동형어로 존재하는 한자어를 대상으로 하였다. 한·중 동형어는 형태가 똑같지만 의미적으로는 동의어, 유의어나 의미가 완전히 다른 경우가 있다. 예를 들면 (50~52)에서 보이듯이 '정확(正確)'처럼 한·중에서 동일한 의미를 나타내는 경우도 있으며,

---

　　고요할 졍(靜), 고요할 젹(寂) (1884 정몽유어); 고요 정 靜, 고요 젹 寂 (1895 국한회어)
33) 최근에는 일본 계열의 한자어들도 별도로 수용된다.
34) 이 점은 이 글의 아쉬운 점이나 역사적 문헌자료를 통한 증명은 별도의 자리에서 진행하고자 한다.

'충실(充實)'처럼 한국어는 중국어보다 의미가 넓거나 '천진(天眞)'처럼 중국어가 한국어보다 의미가 넓은 경우도 있다. 이와 같은 동의어나 유의어가 한·중 동형어의 대부분을 차지하고 있다. 이와 달리 (53)에서 보이는 '기특(奇特)'처럼 한국어와 중국어에서 완전히 다른 의미를 나타낸 경우도 있다. 본서는 한·중 동형 한자어의 의미 차이나 의미 변화에 초점을 두는 것이 아니므로 한자어 어근의 중국어에서의 용법을 확인할 때 의미 차이를 일일이 제시하지 않는다.

(50) 정확(正確):

　　한·중: 바르고 확실하다.

　　　　예: 답안이 <u>정확(正確)</u>하다. = <u>答案正確</u>。

(51) 충실(充實):

　　가. 한·중: 내용이 알차고 단단하다.

　　　　예: 내용이 <u>충실(充實)</u>하다. = <u>內容充實</u>。

　　나. 한국어: 주로 아이들의 몸이 건강하여 튼튼하다.

　　　　예: 아이가 <u>충실(充實)</u>하게 자란다. = <u>孩子長得結實/*充實</u>。

(52) 천진(天眞):

　　가. 한·중: 꾸밈이나 거짓이 없이 자연 그대로 깨끗하고 순진하다.

　　　　예: <u>천진(天眞)</u>한 아이 = <u>天真的孩子</u>

　　나. 중국어: 머리가 단순하다. 생각이 유치하다.

　　　　예: <u>妳也太天真了, 竟會對他的話信以為真</u>! = 너는 정말 <u>단순(單純)</u>하/*<u>천진(天眞)</u>하구나, 그 친구의 말을 정말 믿다니!

　　　　(박영종, 현대중한사전)

(53) 기특(奇特):

　　가. 한국어: 말하는 것이나 행동하는 것이 신통하여 귀염성이 있다.

예: 이 애는 참 <u>기특(奇特)</u>하다. = 這孩子真懂事/乖/*奇特。

(중한사전, 흑룡강조선민족출판사)

나. 중국어: 이상하고도 특별하다. 독특하다.

예: <u>裝束奇特</u> = 옷차림이 <u>특별(特別)/특이(特異)/*기특(奇特)</u>하
다

먼저 '-하다' 형용사 비자립적 한자어 어근의 경우를 살펴보겠다.
2음절 비자립적 한자어 어근 중 한·중 동형어 479개를 확인하였는
데[35] 이에 대한 분석 결과는 중국어에서도 형용사적 용법을 지닌 것
은 439개로 비자립어근의 대부분을 차지하고 있으며, 형용사적 용법
을 지니지 않는 것은 40개밖에 없다.

(54) 중국어에서 형용사로 쓰이는 것(400개):

　　가. 가련(可憐), 각박(刻薄), 간결(簡潔), 간단(簡單), 간략(簡略), 강
　　　　건(强健), 건장(健壯), 겸허(謙虛), 고귀(高貴), 기특(奇特), 냉혹
　　　　(冷酷), 다양(多樣), 단정(端正), 막막(漠漠), 막연(漠然), 면밀
　　　　(綿密), 명석(明晳), 복잡(複雜), 비장(悲壯), 빈번(頻繁), 선량
　　　　(善良), 선명(鮮明), 소박(素朴), 수려(秀麗), 심각(深刻), 애매
　　　　(曖昧), 양호(良好), 완만(緩慢), 우아(優雅), 유리(有利), 유치
　　　　(幼稚), 위대(偉大), 자세(仔細), 적절(適切), 정중(鄭重), 창백

---

35) 한중 동형어가 아닌 것은 두 가지 경우가 있다. 하나는 한국어에서 AB형이며 중국
어에서 BA형인 경우이다. 예를 들면 한국어에서의 '열악(劣惡), 화사(華奢)'는 중국
어에서는 '惡劣, 奢華'이다. 다른 하나는 한국어에서 있지만 중국어에서(고대중국어
도 포함) 찾을 수 없는 어휘들이다. 예를 들면 '격심(激甚), 괴상(怪常), 난삽(難澁),
냉엄(冷嚴), 냉정(冷情), 노회(老獪), 능란(能爛), 대범(大汎), 시급(時急), 영악(靈惡),
육중(肉重)' 등이 있다.

(蒼白), 처참(悽慘), 충분(充分), 친밀(親密), 편벽(偏僻), 풍족(豊足), 한산(閑散), 현란(絢爛), 화려(華麗) ··· (327개) (상세 용례는 〈부록 3〉 참조)

나. 간곡(懇曲), 간소(簡素), 공명(公明), 난잡(亂雜), 노곤(勞困), 다감(多感), 망극(罔極), 명철(明哲), 무난(無難), 무지(無智), 민활(敏活), 방만(放漫), 범상(凡常), 불길(不吉), 비근(卑近), 비천(鄙淺), 사소(些少), 소상(昭詳), 소연(騷然), 소탈(疏脫), 수상(殊常), 순순(順順), 순전(純全), 안이(安易), 역연(歷然), 영민(英敏/穎敏), 영특(英特), 우직(愚直), 유현(幽玄), 은성(殷盛), 음황(淫荒), 일천(日淺), 자명(自明), 자자(藉藉), 작작(綽綽), 장대(長大), 적실(的實), 절통(切痛), 조악(粗惡), 조잡(粗雜), 조잡(稠雜), 중후(重厚), 추잡(醜雜), 충직(忠直), 쾌적(快適), 쾌청(快晴), 특수(特秀), 허황(虛荒), 호쾌(豪快), 혹심(酷甚), 확연(確然), 훈훈(薰薰), 확고(確固), 극명(克明), 기발(奇拔), 한심(寒心) (56개)

다. 무색(無色), 부정(不淨), 심난(甚難), 심심(甚深), 심란(心亂), 약소(略少), 어눌(語訥), 편평(扁平), 다습(多濕), 과대(過大), 과중(過重), 괴괴(怪怪), 지난(至難), 지대(至大), 지독(至毒), 지순(至純), 지엄(至嚴) (17개)

(54)에서 제시된 한자어는 중국어에서 형용사로 쓰인 것들이다. 그 중에 현대중국어에서 형용사적 용법을 확인된 것은 327개(예 54가), 현대중국어에서 쓰이지 않지만 고대·근대중국어에서는 형용사로 쓰인 것은 56개(예 54나), 사전에 수록되지 않지만 형용사로 볼 수 있는 것은 17개(예 54다)가 있다. 이들은 한국어에서는 비자립어

근이지만 중국어에서는 다음 예문에서 보이듯이 형용사로 쓰인다.

(55) 가. 형용사: 問題很復雜。(문제가 아주 <u>복잡하다</u>.)

형용사: 她跟往常壹樣美麗<u>優雅</u>。(그녀는 늘 그랬듯이 아름답고
<u>우아하다</u>.)

나. 형용사: 處守平之世, 而欲建<u>殊常</u>之勛。-《晉書·張載傳》

형용사: 璩, 宰相, 交遊<u>醜雜</u>, 取多蹊徑。-《新唐書·高璩傳》

다. 형용사: 高溫<u>多濕</u>的氣候 (고온 <u>다습한</u> 기후)

다음 (56)에서 제시된 39개의 비자립적 한자어 어근은 중국어에서
형용사적 용법과 명사나 부사, 동사적 용법을 동시에 가지고 있는
것들이다. 이들 한자어의 중국어에서의 용법은 예로 보이면 (57)과
같다.

(56) 가. 형용사·명사(11개): 간사(奸邪), 괴이(怪異), 난처(難處), 무고
(無辜), 은밀(隱密), 한유(閑裕), 황막(荒漠); 무도(無道), 신령
(神靈), 풍려(豊麗), 한가(閑暇)

나. 형용사·동사(19개): 가련(可憐), 기괴(奇怪), 난감(難堪), 명료
(明瞭), 명백(明白), 명확(明確), 모호(模糊), 부유(富有), 소심
(小心), 소원(疏遠), 엄격(嚴格), 엄숙(嚴肅), 은밀(隱密), 장대
(壯大), 정숙(整肅), 청초(淸楚), 친근(親近), 풍부(豊富), 화창
(和暢)

다. 형용사·부사(6개): 미미(微微), 분분(紛紛), 엄연(儼然), 절절
(切切), 진정(眞正), 확실(確實)

라. 형용사·의성어(1개): 쟁쟁(錚錚)

마. 형용사 · 동사 · 부사(1개): 유심(有心)

바. 형용사 · 동사 · 명사(1개): 희한(稀罕)

(57) 가. 형용사 : 無辜的百姓 (무고한 백성)

　　　명사: 殘殺無辜 (무고한 사람을 학살하다.)

나. 형용사: 他把意思說得很明白。(그는 의사를 분명하게 말하였
다.)

　　　동사: 我明白了。(알겠습니다.)

다. 형용사: 確實的消息 (확실한 소식)

　　　부사: 確實有所區別。(확실히 구별된다.)

라. 형용사: 錚錚鐵漢 (쟁쟁한 사나이)

　　　의성어: 錚錚悅耳 (쟁쟁 맑게 울리다.)

마. 형용사: 這孩子特有心。(이 아이는 꾀가 많다.)

　　　부사: 我看妳是有心這樣做的。(내가 보기에 너는 일부러 이렇
게 한 거야.)

　　　동사: 有心要提拔他。(그를 발탁할 마음이 있다.)

바. 형용사: 稀罕物件 (희한한 물건)

　　　동사: 我不稀罕那沒用的破自行車。

　　　　　　(난 그 쓸모없는 고물 자전거를 탐내지 않는다.)

　　　명사: 看稀罕儿。(희한한 것을 본다.)

나머지 40개의 비자립적 한자어 어근 가운데 중국어에서 부사로
쓰인 것은 11개, 동사로 쓰인 것은 20개, 명사로만 쓰인 것은 3개가
있으며, 두 가지 용법을 동시에 지닌 것은 6개가 있다(예 58).

(58) 가. 부사(11개): 결연(決然), 공연(公然), 단호(斷乎), 완연(宛然), 의

연(毅然), 적확(的確), 착실(着實); 공연(空然), 다분(多分), 팽팽
(膨膨), 잠잠(潛潛)

나. 동사(20개): 과년(過年), 근사(近似), 무관(無關), 무궁(無窮), 무
리(無理), 무망(無望), 무방(無妨), 무익(無益), 무해(無害), 미진
(未盡), 산적(山積), 안존(安存), 어색(語塞), 장대(張大), 즐비
(櫛比), 지극(至極), 착잡(錯雜), 충만(充滿), 합당(合當), 현격
(懸隔)

다. 명사(3개): 거창(巨創), 성성(星星), 신통(神通)

라. 부사 · 동사(3개): 무심(無心), 방불(彷彿), 부단(不斷)

마. 동사 · 명사(3개): 극진(極盡), 살벌(殺伐), 여의(如意)

위에 제시된 한자어가 중국어에서의 용법은 예로 보이면 다음
(59)와 같다. 그 중에 중국어에서 명사로 쓰인 '巨創, 星星'은 각각 '거
대한 창조, 거대한 상처'와 '별, 작은 물건'을 뜻하여 한국어와 의미가
다르다. 그리고 중국어에서 동사로 쓰인 '過年'는 '설을 쇠다'의 뜻을
나타내어 한국어와 전혀 다르다.

(59) 가. 부사: 東張西望, 道聽途說, 決然得不到什麼完整的知識。(이리
기웃 저리 기웃하거나, 주워들은 것만 가지고는 절대로 완전
한 지식을 얻을 수 없다.)
(중한사전, 흑룡강조선민족출판사)

나. 동사: 文筆錯雜, 毫無倫次。(글이 뒤엉켜 전혀 조리가 없다.)
(박영종, 현대중한사전)

다. 명사: 八仙過海, 各顯神通。
(여덟 신선이 바다를 건너면서, 각자 신통력을 나타낸다.)

라. 부사: 他<u>仿佛</u>並沒有聽懂。(그는 전혀 알아듣지 <u>못한 것 같다.</u>)

　　동사: 他的模樣還和十年前相<u>仿佛</u>。(그의 모습이 10년 전과 <u>비슷하다.</u>)

마. 동사: 事情不盡<u>如意</u>。(일이 다 <u>뜻대로</u> 되지는 않는다.)

　　명사: <u>如意</u>是一种象征吉祥的器物。(<u>여의</u>는 길상을 상징하는 물건이다.)

　이상의 검토를 통해서 '-하다' 형용사 한자어 비자립어근들은 중국어에서 대부분 형용사의 용법을 지니고 있음을 알 수 있다.

　다음은 '-하다' 형용사 한자어 어근 중 부사성 자립어근의 중국어에서의 용법을 살펴보겠다. 4.2.1에서 살펴본 것처럼 '-하다' 한자어 어근 파생형용사 2음절 어근 중 부사성 자립어근은 10개밖에 없다. 이들 어근의 중국어에서의 용법을 살펴보면 중국어에서 형용사적 용법으로 쓰인 것은 6개가 있으며, 동사로 쓰인 것은 2개, 부사와 대명사로 쓰인 것은 각 1개가 있다(예 60). 이들 부사성 자립어근의 중국어에서의 용법을 예로 보이면 다음 (61)과 같다. 현대한국어에서 부사성 자립어근으로 판별된 한자어들은 역시 중국어에서 주로 형용사로 존재한 것으로 나타난다.

(60) 가. 형용사(5개): 당당(堂堂), 돌연(突然), 아연(啞然), 첩첩(疊疊), 총총(恩恩)

　　나. 형용사·부사(1개): 분명(分明)

　　다. 부사·접속사(1개): 불과(不過)

　　라. 동사(2개): 월등(越等), 흡사(恰似)

　　마. 대명사(1개): 여간(如干)

(61) 가. 형용사: 儀表<u>堂堂</u> (의표가 <u>당당하다</u>)

　　나. 형용사: 愛憎<u>分明</u> (애증이 <u>분명하다</u>)

　　　　부사: 他這樣做<u>分明</u>就是挑釁。

　　　　(그가 이렇게 하는 것은 <u>분명히</u> 싸움을 거는 것이다.) (박영종,

　　　　현대중한사전)

　　다. 부사: 那只<u>不過</u>是個傳聞。(그것은 단지 소문에 <u>불과하다</u>.)

　　라. 동사: 這消息<u>恰似</u>晴天霹靂。(이 소식은 청천벽력<u>과도 같다</u>.)

　　마. 대명사: 張<u>母</u>大喜，多方乞貸，共得<u>如幹</u>數。 -《聊齋誌異·青梅》

　마지막으로 '-하다' 형용사의 명사성 자립어근의 경우를 살펴보겠
다. 2음절 명사성 한자어 어근 중 한·중 동형어 252개를 확인하였는
데[36] 이에 대한 분석 결과 중국어에서 형용사적 용법을 지니는 것은
216개가 있으며, 형용사적 용법을 지니지 않는 것은 36개밖에 없다.
　한국어에서는 명사이지만 중국어에서 형용사로 쓰이는 것은 177
개가 있는데 그 중에 현대중국어에서 형용사적 용법을 확인된 것은
151개(예 62가), 현대중국어에서 쓰이지 않지만 고대·근대중국어에
서는 형용사로 쓰인 것은 19개(예 62나), 사전에 수록되지 않지만 형
용사로 볼 수 있는 것은 7개(예 62다)가 있다. 이들 한자어가 중국어
에서의 용법은 예로 보이면 다음 (63)과 같다.

　(62) 가. 간사(奸詐), 간악(奸惡), 강녕(康寧), 건강(健康), 건조(乾燥), 결
　　　　백(潔白), 겸손(謙遜), 경박(輕薄), 경솔(輕率), 고독(孤獨), 공평

---

36) 명사성 자립 한자어 어근 중 한중 동형어가 아닌 것은 '갈급(渴急), 괴팍(乖愎), 미비
(未備), 미안(未安), 불운(不運), 비정(非情), 암울(暗鬱), 야속(野俗), 음흉(陰凶), 적
격(適格), 절친(切親), 조신(操身), 흉측(凶測)' 등이 있다.

(公平), 공허(空虛), 과밀(過密), 교만(驕慢), 교활(狡猾), 궁핍(窮乏), 균등(均等), 균일(均一), 긴박(緊迫), 나약(懦弱), 나태(懶怠), 남루(襤褸), 냉정(冷靜), 다정(多情), 단명(短命), 대길(大吉), 대담(大膽), 대등(對等), 독특(獨特), 동등(同等), 몽매(蒙昧), 무능(無能), 무수(無數) … (151개) (상세 용례는 〈부록 4〉 참조)

나. 간교(奸巧), 거만(倨慢), 검소(儉素), 굴곡(屈曲), 궁색(窮塞), 노쇠(老衰), 다변(多辯), 다행(多幸), 무식(無識), 무안(無顏), 부정(不正), 비굴(卑屈), 비만(肥滿), 완숙(完熟), 창피(猖披), 침침(沈沈), 편안(便安), 해이(解弛), 흡족(洽足) (19개)

다. 과다(過多), 과문(寡聞), 극빈(極貧), 극성(極盛), 극악(極惡), 담대(膽大), 지고(至高) (7개)

(63) 가. 형용사: 他為人奸詐。(그는 사람됨이 <u>간사하다.</u>)

나. 형용사: 此時秋末冬初天氣, 征夫容易披掛, 戰馬久已<u>肥滿</u>。-《水滸傳》第六三回

다. 형용사: 他從小就<u>膽大</u>,什麼都不怕。

(그는 어려서부터 <u>담이 커</u>서 무서워하는 것이 없다.)

다음 (64)에서 제시된 명사성 자립어근은 중국어에서 형용사적 용법과 명사나 부사, 동사적 용법을 동시에 가지는 것들이다. 그 중에 중국어에서 동사로 쓰이는 것은 사동사로 쓰인 경우가 많다. 예를 들면 '冷淡, 富裕, 純潔, 嚴密, 溫暖, 潤澤, 充實, 便利' 등은 동사로 쓰일 경우는 '…하게 하다'의 뜻을 나타내는 사동사들이다. 이들 한자어 명사가 중국어에서의 용법은 예로 보이면 (65)와 같다.

(64) 가. 형용사·명사(16개): 결백(潔白), 곤란(困難), 광명(光明), 문명

(文明), 불의(不義), 불측(不測), 불행(不幸), 위험(危險), 저조

(低調), 존엄(尊嚴), 행복(幸福), 현명(賢明), 화평(和平); 유식

(有識), 친숙(親熟), 포악(暴惡)

나. 형용사·동사(15개): 과민(過敏), 냉담(冷淡), 무미(無味), 부유

(富裕), 불편(不便), 순결(純潔), 엄밀(嚴密), 온난(溫暖), 유수

(有數), 윤택(潤澤), 음란(淫亂), 충실(充實), 충실(忠實), 편리

(便利); 원통(冤痛)

다. 형용사·부사(5개): 당연(當然), 비상(非常), 순수(純粹), 우연

(偶然), 이상(異常)

라. 형용사·명사·동사(2개): 무상(無常), 부족(不足)

마. 형용사·명사·부사(1개): 가능(可能)

(65) 가. 형용사: 這件事做起來很困難。(이 일은 하기가 매우 어렵다.)

명사: 克服種種困難 (각종 어려움을 극복하다.)

나. 형용사: 此人忠實可靠。(이 사람은 충실하고 믿음직하다.)

동사: 譯作要忠實於原著。(번역 작품은 원작에 충실해야 된다.)

형용사: 生活富裕。(생활이 부유하다.)

동사: 發展經濟, 富裕人民。(경제를 발전시켜 백성을 부유하

게 한다.)

다. 형용사: 非常時期 (비상 시기)

부사: 非常感謝。(대단히 감사합니다.)

라. 형용사: 準備不足 (준비가 부족하다.)

명사: 我感到自身還有很多不足。(나는 내 자신이 부족함이 많

다고 생각한다.)

동사: 這所學校在校生不足壹千。(이 학교 재학생은 천명에 이

르지 못한다.)

마. 형용사: 提前完成任務是完全<u>可能</u>的。

(임무를 지한 전에 해내는 것은 충분히 <u>가능하다.</u>)

명사: 事情的發展不外有兩種<u>可能</u>。

(일의 발전은 두 가지 <u>가능성</u>에 불과하다.)

부사: 我<u>可能</u>去不成。(나는 <u>아마</u> 가지 못할 것이다.)

나머지 36개의 명사성 자립어근은 중국어에서 명사나 대명사로 쓰인 것은 5개, 부사로 쓰인 것은 2개, 동사로 쓰인 것은 26개가 있으며, 명사와 동사적 용법을 동시에 지니는 것은 3개가 있다(예 66). 이들 어근이 중국어에서의 용법은 예로 보이면 다음 (67)과 같다.

(66) 가. 명사(4개): 내밀(內密), 둔감(鈍感), 완벽(完璧), 우세(優勢)

　　나. 대명사(1개): 여하(如何)

　　다. 부사(2개): 무고(無故), 영원(永遠)

　　라. 동사(26): 감사(感謝), 건재(健在), 만면(滿面), 만족(滿足), 무량(無量), 무력(無力), 무례(無禮), 무모(無謀), 무변(無邊), 무병(無病), 무사(無事), 부덕(不德), 분주(奔走), 불능(不能), 소란(騷亂), 소홀(疏忽), 애련(哀憐), 애석(哀惜), 옹색(壅塞), 요란(搖亂), 적합(適合), 태만(怠慢), 혼미(昏迷), 혼잡(混雜); 만무(萬無), 불우(不遇)

　　마. 명사·동사(3개): 불효(不孝), 허탈(虛脫), 후덕(厚德)

(67) 가. 명사: 這場比賽我方占<u>優勢</u>。(이번 시합은 우리 팀은 <u>우세</u>를 차지한다.)

　　나. 대명사: 此事<u>如何</u>辦理？(이일은 <u>어떻게</u> 처리한가?)

다. 부사: 不得無故遲到。(<u>이유 없이</u> 지각해서는 안 된다.)

라. 동사: <u>感謝</u>他的熱情接待。(그의 따뜻한 접대에 <u>감사한다</u>.)

마. 명사: <u>虛脫</u>是指因出血過多或脫水引起的心臟及血液循環突然衰弱
的現象。

(<u>허탈</u>은 과다 출혈이나 탈수 등의 원인으로 심장 및 혈액
순환이 돌연 쇠약해지는 현상을 가리킨다.)

동사: 病人出血太多, <u>虛脫</u>了。(환자가 출혈 과다하여 <u>허탈 현
상이 일어났다</u>.)

　　이상의 검토를 통해서 '-하다' 형용사 한자어 어근들은 중국어에서
대부분 형용사적 용법을 지니고 있음을 확인하였다. 이 점은 '-하다'
형용사 어근이 대부분 비자립적 용법을 가지는 이유로 보인다. 또한
명사성 자립어근을 갖는 '-하다' 형용사도 원래는 한자어 명사성 자
립어근에 '-하다'가 결합되어 형용사가 생성된 것이 아니라,[37) 다른
비자립어근의 경우와 마찬가지로 원래 형용사적 용법을 가지는 한
자어 어근이 언해나 번역 과정을 통해 한국어의 형용사로 형성된 것
으로 판단된다.[38)

---

37) 현대한국어의 관점에서 보는 한자어 '-하다' 형용사의 한자어 명사성 자립어근들은
역시 고유어 명사성 자립어근처럼 어근 분리 현상을 통해서 이차적으로 명사성을
획득한 것으로 보인다.

38) 중국어에서의 용법을 참조할 때 '-하다' 형용사를 형성하는 요소는 어근의 자립성 문
제가 아니라 어근의 형용사성 즉 [상태성] 여부가 더 중요한 것임을 알 수 있다. 따
라서 [실체성]을 지닌 명사성 자립어근은 '-하다'의 어근으로 수용되기가 어려운 것으
로 보인다. 이에 대해서 5장에서 자세히 다룬다.

5. 한자어 파생형용사 어근의 의미론적 특성

5.1 한자어 어근의 의미론적 분류

어근의 의미자질 분류에 관한 연구는 서정수(1975)를 들 수 있다. 서정수(1975)에서 '-하다' 용언의 선행 명사를 의미자질에 근거하여 분류한 바가 있다. 서정수(1975:13)에서 '-하다' 용언의 선행 명사를 크게 실체성 명사와 비실체성 명사로 분류하고, 비실체성 명사를 다시 상태성 명사와 비상태성 명사로 분류하고, 비상태성 명사를 다시 동작성 명사와 과정성 명사로 분류하였다.[1] 실체성 명사는 순수한 사물 지시성을 갖는 명사이며, 비실체성 명사는 사건이나 사태의 관

---

1) Chafe(1970)에서 명사를 의미자질대로 분류한 바가 있다. Chafe(1970)에서 명사류를 크게 실체성(substantive)의 의미 자질을 가진 명사류와 비실체성(nonsubstantive)의 의미 자질을 가진 명사류로 분류하였다. 그리고 비실체성 명사를 다시 상태성 (stative)의 의미 자질을 가진 명사류와 비상태성(nonstative)의 의미 자질을 가진 명사류로 분류하였으며, 비상태성 명사를 다시 동작성(active)의 의미 자질을 가진 명사류와 과정성(process)의 의미 자질을 가진 명사류로 분류하였다(노대규, 1981:60 재참조).

계·속성을 본질로 하는 명사이라고 하였다. 비실체성 명사에는 동작성 명사('운동, 식사, 명령, 싸움, 공부'), 과정성 명사('고생, 발전, 죽음, 성장, 변화'), 상태성 명사('행복, 용감, 부자연, 평화') 등이 있다.

이 외에 김창섭(1984:152)에서는 '-스럽다, -롭다, -답-'의 어기를 실체명사('어른, 촌(村), 보배')와 추상적 실체성 명사('탐(貪), 정(情)')로 나누어서 용례를 제시하였다. 송철의(1992:201-205)에서는 '-스럽다'의 어기를 명사와 어근으로 나눠서 살펴보았다. 어기가 명사일 경우 구체명사('바보, 짐')와 추상적 실체성 명사('고집(固執), 만족(滿足), 걱정, 재미')로 나누고, 어기가 어근일 경우 상태성 어근('과감(果敢), 인자(仁慈), 깜찍, 뻔뻔')과 부사성어근('갑작, 새삼, 뒤스럭')으로 나누었다. 한편 하치근(2010:243~249)에서 '-답다, -롭다, -스럽다'의 뿌리를 의미에 따라 실체성과 비실체성으로 나누고 실체성을 다시 유정성('우자(愚者), 호걸(豪傑)')과 무정성('짐, 보배, 자연(自然)')으로, 비실체성을 다시 상태성('음충, 악착(齷齪), 복(福)')과 동작성('구경, 사랑, 탐(貪), 탐욕(貪慾)')으로 나누었다.

이상 선행 연구에서 제시된 파생형용사 어근의 의미 자질은 [실체성], [상태성], [동작성] 등으로 분류되고 있음을 살펴보았다.[2] '정(情), 재미' 등 명사에 대해서는 김창섭(1984:152)과 송철의(1992:204)에서는 이들을 상태성 명사 및 동작성 명사와 묶어서 추상적 실체성 명사로 처리하였다. 그러나 본서는 '정(情), 재미, 색(色), 죄(罪), 향기(香氣), 경사(慶事)' 등 명사가 [-실체성]이라는 점에서 상태성 명사 및 동작성 명사와 공통점을 지니지만, 사물을 지시하는 점에서(추상적

---

2) 서정수(1975)에서 '-하다' 동사의 선행 명사로 과정성 명사도 제시하였지만 [과정성]은 한자어 어근 파생형용사에서 나타나지 않으므로 이를 배제하였다.

사물이지만) 상태성 명사 및 동작성 명사와 엄연히 다르며, 오히려 사물 지시성을 지니는 실체성 명사와 더 가까운 것으로 판단된다. 따라서 본서는 '정(情), 색(色), 향기(香氣), 경사(慶事)' 등 명사를 실체성 명사의 하위 부류로 보기로 하고, 실체성 명사는 구체적 실체성 명사와 추상적 실체성 명사를 포함한다. 이렇게 분류하면 [실체성]은 순수한 사물 지시성을 지니는 전형적인 명사가 되어 [상태성]이나 [동작성]을 지니는 명사나 비자립어근과 구별하게 된다.

파생형용사 한자어 어근 가운데 '부득이(不得已)'와 같은 양태부사도 있으므로 [양태성]을 추가하면 파생형용사 한자어 어근의 의미 자질은 [실체성], [상태성], [동작성], [양태성] 등으로 구별하게 된다. [실체성]은 다시 [구체적 실체성]과 [추상적 실체성]으로 나눈다.

그 중에 [상태성]을 지닌 어근은 '건강(健康), 평화(平和)'와 같은 상태성 명사3)도 있고, '당당(堂堂), 분명(分明)'과 같은 상태성 부사도 있으며, '자상(仔詳), 허황(虛荒)'과 같은 상태성 비자립어근도 있다. 이와 달리 [실체성]을 지닌 어근은 '우자(愚者), 촌(村)'과 같은 구체적 실체성 명사 및 '향기(香氣), 죄(罪)'와 같은 추상적 실체성 명사만 있으며, [동작성]을 지닌 어근은 '경이(驚異), 부담(負擔)'과 같은 동작성 명사밖에 없고, [양태성]을 지닌 어근은 '부득이(不得已)'와 같은 양태성 부사밖에 없다. 표로 정리하면 다음과 같다.

---

3) 4장에서 제시된 관형명사들이 모두 [상태성]을 지닌다. 관형명사가 명사의 하위 유형이므로 의미를 고찰할 때 상태성 관형명사를 상태성 명사와 묶어서 처리한다.

〈표 9〉 파생형용사 한자어 어근의 의미 자질 분류

분류		어근의 형태 · 의미론적 특성	예
[실체성]	[구체적 실체성]	구체적 실체성 명사	우자(愚者), 촌(村)
	[추상적 실체성]	추상적 실체성 명사	향기(香氣)
[상태성]		상태성 명사	평화(平和)
		상태성 부사	분명(分明)
		상태성 비자립어근	자상(仔詳)
[동작성]		동작성 명사	부담(負擔)
[양태성]		양태성 부사	부득이(不得已)

다른 한편으로 어근의 의미자질은 [긍정성]과 [부정성]으로 나눌 수 있다. 한자어 어근 중에 (1가)처럼 [긍정성]을 지닌 것도 있고 (1나)처럼 [부정성]을 지닌 것도 있으며, (1다)처럼 중립적인 것도 있다. 한자어 어근의 의미 자질을 고찰할 때 [긍정성]인지 [부정성]인지도 함께 고찰하여 각 유형 파생접미사들이 주로 어떤 의미 자질을 지닌 한자어와 결합하는지를 밝히고자 한다.

(1) 가. [+긍정성, -부정성]:

복(福), 선(善), 순(順), 강녕(康寧), 순조(順調), 용맹(勇猛), 충성(忠誠)

나. [-긍정성, +부정성]:

궁(窮), 욕(辱), 해(害), 나약(懦弱), 위태(危殆), 거만(倨慢), 편벽(偏僻)

다. [-긍정성, -부정성]

분주(奔走), 심상(尋常), 남성(男性), 여성(女性), 잔풍(殘風)

5.2 유형별 한자어 파생형용사 어근의 의미론적 특성

5.2.1 제1유형 한자어 파생형용사 어근의 의미론적 특성

본서에서 한자어 어근의 의미론적 특성을 고찰할 때 자립어근의 경우 『표준』(1999)에서 제시된 해당 명사나 부사의 뜻풀이를 중심으로 하며, 비자립어근의 경우 사전에 그 의미를 따로 실리지 않지만 한자어인 만큼 그 의미는 해당 형용사의 의미를 통해서 알 수 있다.

그 중에 두 가지 이상의 의미를 지닌 명사에 대해서 여러 의미 가운데 해당 파생형용사의 의미와 관련있는 의미만을 대상으로 고찰한다. 예를 들면 '행복(幸福)'은 (2가)에서 보이듯이 두 가지 의미를 지니고 있는데 전자는 [추상적 실체성], 후자는 [상태성]이다. 이런 경우 (2나)에서 보여준 '행복(幸福)하다'의 의미를 통해서 형용사를 파생하는 '행복(幸福)'은 후자로 판단돼서 '행복(幸福)'을 상태성 명사로 본다.

(2) 가. 행복(幸福): 1. 복된 좋은 운수.
　　　　　　　 2. 생활에서 충분한 만족과 기쁨을 느끼어 흐뭇함. 또는 그러한 상태.
　　 나. 행복(幸福)하다: 생활에서 충분한 만족과 기쁨을 느끼어 흐뭇하다.

본 절에서는 4.1에서 제시된 '-하다' 형용사 한자어 어근들의 의미론적 특성을 살펴보고자 한다.

명사성·관형명사성 자립어근의 경우 [추상적 실체성]을 지닌 3개의 1음절 어근 '독(毒), 부(富), 분(憤)'⁴⁾ 외에 기타 425개가 모두 [상태성]을 지니고 있다. 구체적 용례는 다음과 같다.

(3) '-하다' 형용사 명사성 자립어근의 의미자질

　　가. [추상적 실체성](3개): 독(毒), 부(富), 분(憤)

　　나. [상태성](425개):

　　　　ㄱ. 명사성 자립어근: 궁(窮), 선(善), 악(惡); 거만(倨慢), 건강(健康), 교활(狡猾), 무력(無力), 부족(不足), 순진(純眞), 신비(神秘), 피곤(疲困), 행복(幸福); 광범위(廣範圍), 무가치(無價値), 부자유(不自由), 불투명(不透明); 공명정대(公明正大), 대동소이(大同小異), 천진난만(天眞爛漫) …

　　　　ㄴ. 관형명사성 자립어근: 강력(强力), 거대(巨大), 밀접(密接), 부당(不當), 유명(有名), 청정(淸淨), 투명(透明), 특이(特異); 무차별(無差別), 반투명(半透明), 부적합(不適合), 불완전(不完全) …

(3가)에서의 '독(毒), 부(富), 분(憤)'은 (4)에서 보이듯이 어떤 기운이나 재산, 마음을 나타내는 명사이므로 [추상적 실체성]을 지닌다. (3나)에서의 명사성·관형명사성 자립어근들은 모두 (5)에서 보여준 '악(惡), 건강(健康), 불투명(不透明), 공명정대(公明正大)'처럼 인물이나 사물, 현상의 상태나 성질을 나타내므로 [상태성]을 지닌다.

---

4) '부(富)'와 '분(憤)'은 중국어세는 형용사로만 쓰이고, '독(毒)'은 중국어에서 형용사와 명사로 쓰인다.

(4) 독(毒): 독기(2. 사납고 모진 기운이나 기색).

부(富): 넉넉한 생활. 또는 넉넉한 재산.

분(憤): 억울하고 원통한 마음.

(5) 악(惡): 인간의 도덕적 기준에 어긋나 나쁨.

건강(健康): 정신적으로나 육체적으로 아무 탈이 없고 튼튼함. 또
는 그런 상태.

불투명(不透明): 물 따위가 맑지 못하고 흐릿함.

공명정대(公明正大): 하는 일이나 태도가 사사로움이나 그릇됨이
없이 아주 정당하고 떳떳함.

'-하다' 한자어 형용사 부사성 자립어근의 경우 [상태성]을 지닌 것은
14개, [양태성]을 지닌 것은 1개가 있다. 구체적 용례는 다음과 같다.

(6) '-하다' 형용사 부사성 자립어근의 의미자질

가. [상태성](14개): 당당(堂堂), 돌연(突然), 분명(分明), 불과(不過),
아연(啞然), 여간(如干), 월등(越等), 첩첩(疊疊), 총총(悤悤), 흡
사(恰似), 기세등등(氣勢騰騰), 오밀조밀(奧密稠密), 철두철미
(徹頭徹尾), 풍성풍성(豊盛豊盛)

나. [양태성](1개): 부득이(不得已)

(6가)에서의 부사성 자립어근들은 (7가)에서 보여준 '당당(堂堂),
오밀조밀(奧密稠密)'처럼 사물의 성질이나 상태 등을 꾸미므로 [상태
성]을 지닌다. 이와 달리 '부득이(不得已)'는 (7나)처럼 화자의 태도를
나타내므로 [양태성]을 지닌다.

(7) 가. 당당(堂堂): 남 앞에서 내세울 만큼 떳떳한 모습이나 태도.

　　　돌연(突然): 예기치 못한 사이에 급히.

　　　오밀조밀(奧密稠密): 솜씨나 재간이 매우 정교하고 세밀한 모양.

　나. 부득이(不得已): 마지못하여 하는 수 없이.

　　　부득이 들어와서 할 말이면 밝은 날 와서 하시지요. (한용운,

　　　흑풍)

'-하다' 한자어 형용사 비자립어근의 경우 예외 없이 모두 [상태성]을 지닌다. 그 용례는 다음과 같다.

(8) '-하다' 형용사 비자립어근의 의미자질

　[상태성](631개):

　강(强), 귀(貴), 급(急), 약(弱), 연(軟), 장(壯), 천(賤), 친(親), 편(便), 험(險) …

　굉장(宏壯), 교묘(巧妙), 다양(多樣), 복잡(複雜), 부유(富有), 심상(尋常) …

　부정확(不正確), 불분명(不分明), 적나라(赤裸裸), 중차대(重且大) …

　간단명료(簡單明瞭), 복잡다단(複雜多端), 자신만만(自信滿滿) …

이상 '-하다' 형용사 한자어 어근의 의미 자질을 살펴보았는데 결과는 1,074개의 '-하다' 형용사 한자어 어근 가운데 [상태성]을 지닌 것은 1,070개가 있으며, [추상적 실체성]을 지닌 것은 3개('독(毒), 부(富), 분(憤)'), [양태성]을 지닌 것은 1개('부득이(不得已)')만 있다. (표로 정리하면 다음 〈표 10〉과 같다.) [상태성]을 지닌 '-하다' 합성 한자어 어근들의 내적 구조인 병렬구조('형용사성 한자어 어근+형용사성

한자어 어근'), 주술구조('명사성 한자어 어근+형용사성 한자어 어
근'), 수식구조('부사성 한자어 어근+형용사성 한자어 어근', '형용사
성 한자어 어근+명사성 한자어 어근')는 모두 상태성의 의미 구조를
반영하는 형태구조이다. [상태성]을 지닌 '-하다' 한자어 어근들은 중
국어에서는 대부분 서술어적 용법으로 쓰인다. 그래서 [상태성]은 정
당성을 가진다.

〈표 10〉 제1유형 파생형용사 한자어 어근의 의미 자질

의미자질	[추상적 실체성]	[상태성]			[양태성]	합계
	추상적 실체성 명사	상태성 명사	상태성 부사	상태성 어근	양태성 부사	
개수	3	425	14	631	1	1,074
		1,070				

이것은 극히 제한적 경우를 제외하면 [실체성]이나 [동작성], [과정
성]을 지닌 한자어들이 '-하다' 파생형용사의 어근이 되지 못함을 의
미한다. (9)는 [실체성]이나 [동작성], [과정성]을 지닌 한자어들이 '-하
다'와 결합하는 양상을 보여준다.

(9) 가. *호걸(豪傑)하다, *촌(村)하다, *죄(罪)하다, *경사(慶事)하다, *향
　　　기(香氣)하다

　　나. 운동(運動)하다, 연구(硏究)하다, 간(諫)하다, 통도(痛悼)하다

　　다. 발전(發展)하다, 성장(成長)하다, 변화(變化)하다

(9가)에서 [구체적 실체성]을 지닌 '호걸(豪傑), 촌(村)' 및 [추상적
실체성]을 지닌 '죄(罪), 경사(慶事), 향기(香氣)' 등은 '-하다'와 결합

하면 부정확한 표현이 된다. (9나)에서 [동작성]을 지닌 명사 '운동(運動), 연구(硏究)' 및 비자립어근 '간(諫), 통도(痛悼)' 등은 '-하다'와 결합하면 동사가 된다. (9다)에서 [과정성]을 지닌 명사 '발전(發展), 성장(成長)' 등은 '-하다'와 결합하면 역시 동사가 된다.5)

다음은 '-하다' 형용사 한자어 어근을 [긍정성]과 [부정성]으로 나눠서 살펴보겠다.

    (10) 가. [긍정성]: 부(富), 선(善), 승(勝), 감사(感謝), 강녕(康寧), 검소(儉素), 고급(高級), 공정(公正), 순탄(順坦), 여의(如意), 우아(優雅), 광범위(廣範圍), 중차대(重且大), 공명정대(公明正大), 자유분방(自由奔放), 천만다행(千萬多幸) …

       나. [부정성]: 궁(窮), 악(惡), 나약(懦弱), 부족(不足), 허약(虛弱), 허탈(虛脫), 가혹(苛酷), 난폭(亂暴), 비겁(卑怯), 위독(危篤), 황당(荒唐), 부자유(不自由), 불확실(不確實), 파렴치(破廉恥), 무미건조(無味乾燥), 우유부단(優柔不斷), 위험천만(危險千萬) …

(10)에서 음절별로 몇 개의 용례를 제시하였는데, (10가)에서 제시된 '선(善), 공정(公正), 중차대(重且大), 천만다행(千萬多幸)' 등은 [긍정적]을 지니고, (10나)에서 제시된 '독(毒), 나약(懦弱), 부자유(不自由), 무미건조(無味乾燥)' 등은 [부정성]을 지닌다. 비록 3음절 어근이 대부분 부정적 의미를 나타내지만 전체적으로 볼 때 긍정적 의미를 나타낸 어근과 부정적 의미를 나타낸 어근이 비슷한 비중을 차지한

---

5) 후술하겠지만 [실체성]이나 [동작성]을 지닌 한자어들이 '-하다'와 결합하면 형용사를 파생하지 못하지만 '-스럽다, -롭다' 등과 결합하면 형용사를 파생할 수 있다. 이런 현상에 대해서 5.3에서 자세히 살펴보기로 한다.

다. '-하다'가 의미를 가지고 있지 않기 때문에 그 어근에 가치 평가적 경향성을 보이지 않는다.

5.2.2 제2유형 한자어 파생형용사 어근의 의미론적 특성

본 절에서는 4.2에서 제시된 제2유형의 '-답다, -롭다, -되다, -스럽다' 형용사 한자어 어근의 의미론적 특성을 살펴보고자 한다.

'-답다' 한자어 어근의 경우 [추상적 실체성]을 지닌 것은 3개, [상태성]을 지닌 것은 2개가 있다(예 11). 그 중에 '예(禮), 예모(禮貌), 정(情)'은 (13)에서 보여주듯이 어떤 마음이나 도리를 나타내므로 [추상적 실체성]을 지닌다.[6] 다른 한편으로 '-답다' 한자어 어근이 모두 [긍정성]을 지닌다.

(11) '-답다' 한자어 어근의 의미자질

    가. [추상적 실체성](3개): 예(禮), 예모(禮貌), 정(情)

    나. [상태성](2개): 시(實), 실(實)

(12) [긍정성](5개): 예(禮), 예모(禮貌), 시(實), 실(實), 정(情)

(13) 정(情): 느끼어 일어나는 마음.

    예(禮): 사람이 마땅히 지켜야 할 도리.

    예모(禮貌): 예절에 맞는 몸가짐.

---

6) 비자립어근인 '시(實)'의 경우 공시적으로 '시(實)'의 의미를 분석해 내기가 어렵다. '시(實)답다'는 '마음에 차거나 들어서 만족스럽다'를 뜻하고 '실(實)답다'는 '꾸밈이나 거짓이 없이 참되고 미더운 데가 있다.'를 뜻한다. '시(實)답다'와 '실(實)답다'의 의미가 다르다.

'-롭다' 한자어 어근의 의미론적 특성을 살펴보겠다. '-롭다' 명사성 자립어근 가운데 [추상적 실체성]을 지닌 것은 18개, [동작성]을 지닌 것은 2개, [상태성]을 지닌 것은 11개가 있다.

(14) '-롭다' 명사성 자립어근의 의미자질

    가. [추상적 실체성](18개): 의(義), 이(利), 해(害), 감미(甘味), 광휘(光輝), 권태(倦怠), 명예(名譽), 상서(祥瑞), 생기(生氣), 영예(榮譽), 예사(例事), 이채(異彩), 자애(慈愛), 정의(正義), 지혜(智慧), 향기(香氣), 호기(豪氣), 흥미(興味)

    나. [동작성](2개): 경이(驚異), 조화(調和)

    다. [상태성](11개): 가소(可笑), 순조(順調), 신비(神秘), 여유(餘裕), 영화(榮華), 자비(慈悲), 자유(自由), 초조(焦燥), 평화(平和), 풍요(豊饒), 호화(豪華)

(14가)에서의 '의(義), 이(利), 감미(甘味), 자애(慈愛)' 등은 (15)에서 보여주듯이 '도리, 이득, 맛, 사랑' 등 추상적 존재를 가리키므로 [추상적 실체성]을 지닌다. '해(害)'는 (16)에서 보이듯이 [동작성]과 [추상적 실체성]을 동시에 지니는데 [동작성]에서 동사 '해(害)하다'를 파생하고, [추상적 실체성]에서 '해(害)롭다'를 파생한 것이다.

(15) 의(義): 사람으로서 지키고 행하여야 할 바른 도리.

    이(利): 이익이나 이득.

    감미(甘味): [같은 맬단맛(1. 설탕, 꿀 따위의 당분이 있는 것에서 느끼는 맛).

    자애(慈愛): 아랫사람에게 베푸는 도타운 사랑.

(16) 해(害): 이롭지 아니하게 하거나 손상을 입힘. 또는 그런 것

　　해(害)롭다: 해가 되는 점이 있다.

　　해(害)하다: 이롭지 아니하게 하거나 손상을 입히다.

　(14나)의 '경이(驚異), 조화(調和)'는 각각 '놀랍고 신기하게 여김'과 '서로 잘 어울림'을 나타내므로 [동작성]을 지닌다. '경이(驚異), 조화(調和)'는 '-하다'와 결합하면 동사를 파생하게 된다.

　(14다)에서 제시된 명사 '가소(可笑), 순조(順調), 신비(神秘)' 등과 관형명사 '호화(豪華)'는 (17)에서 보여주듯이 모두 인물이나 사물, 현상의 상태나 성질을 나타내므로 [상태성]을 지닌다.

(17) 순조(順調): 일 따위가 아무 탈이나 말썽 없이 예정대로 잘되어 가는 상태.

　　자유(自由): 외부적인 구속이나 무엇에 얽매이지 아니하고 자기 마음대로 할 수 있는 상태.

　　호화(豪華): 사치스럽고 화려함.

　그리고 '-롭다' 비자립적 한자어 어근의 경우 '공교(工巧), 다채(多彩), 단조(單調)'처럼 모두 인물이나 사물, 현상의 상태나 성질을 나타낸 [상태성] 어근들이다.

(18) '-롭다' 비자립어근의 의미자질

　　[상태성](7개):

　　공교(工巧), 다채(多彩), 단조(單調), 사사(私私), 위태(危殆), 한가(閑暇), 허허(虛虛)

송철의(1992:207)에서 추상성을 띠는 명사나 어근 중에 대체로 상
태성을 띠는 명사나 어근만 '-롭다'의 어근이 될 수 있다고 지적한 바
가 있다. 그러나 본서는 [상태성]을 지니는 명사나 비자립어근뿐만
아니라 [추상적 실체성]이나 [동작성]을 지니는 명사도 '-롭다'의 어근
이 될 수 있음을 확인하였다.

다른 한편으로 '-롭다' 한자어 어근의 의미자질을 [긍정성]과 [부정
성]으로 나눠보면 다음 (19)와 같다.

(19) 가. [긍정성](27개): 의(義), 이(利), 광휘(光輝), 공교(工巧), 명예(名譽),
감미(甘味), 상서(祥瑞), 순조(順調), 여유(餘裕), 생기(生氣), 영
예(榮譽), 영화(榮華), 자비(慈悲), 자애(慈愛), 자유(自由), 정의
(正義), 지혜(智慧), 호기(豪氣), 순조(順調), 평화(平和), 풍요(豊
饒), 호화(豪華), 조화(調和), 한가(閑暇), 다채(多彩), 향기(香
氣), 흥미(興味)

나. [부정성](8개): 해(害), 가소(可笑), 권태(倦怠), 초조(焦燥), 단조
(單調), 사사(私私), 위태(危殆), 허허(虛虛)

다. [-긍정성, -부정성](3개): 이채(異彩), 예사(例事), 경이(驚異)

'의(義), 이(利), 상서(祥瑞), 순조(順調)'처럼 긍정적 의미를 나타낸
어근은 27개가 있으며, '해(害), 권태(倦怠), 초조(焦燥), 단조(單調)'처
럼 부정적 의미를 나타낸 어근은 8개만 있다. 이 외에 '예사(例事),
경이(驚異)'처럼 [-긍정성, -부정성]의 어근은 3개가 있다. 전체적으로
보면 '-롭다'의 한자어 어근은 대부분 [긍정성]을 지닌 것임을 알 수
있다.

'-되다' 한자어 어근의 의미론적 특성을 살펴보겠다. '-되다' 명사성 자립어근 가운데 [추상적 실체성]을 지닌 것은 4개, [동작성]을 지닌 것은 2개, [상태성]을 지닌 것은 2개가 있다(예 20). 그리고 '-되다' 비자립어근의 경우 역시 모두 [상태성]을 지닌다(예 21).

(20) '-되다' 명사성 자립어근의 의미자질

　　가. [추상적 실체성](4개): 복(福), 속(俗), 욕(辱), 영광(榮光)

　　나. [동작성](2개): 세련(洗練/洗鍊), 충성(忠誠)

　　다. [상태성](2개): 망령(妄靈), 유감(遺憾)

(21) '-되다' 비자립어근의 의미자질

　　[상태성](12개): 샛邪), 샛私), 상(常), 생(生), 순(順), 잡(雜), 졸(卒), 어중(於中), 외람(猥濫), 충만(充滿), 편벽(偏僻), 허황(虛荒)

'복(福), 속(俗), 영광(榮光)'[7]은 행운·행복, 시속·세속, 영예, 느낌 등을 나타내므로 [추상적 실체성]을 지닌다. '욕(辱)'의 경우 다음 (22)에서 보이듯이 3가지 의미를 나타내는데 그 중에 1·2번은 [동작성]을 지니고 3번은 [추상적 실체성]을 지닌다. 1번 의미에서 '욕(辱)하다'를 파생하고 3번 의미에서 '욕(辱)되다'를 파생한 것이다. 따라서 '욕(辱)되다'의 어근으로서의 '욕(辱)'은 [추상적 실체성]을 지닌다.

(22) 가. 욕(辱): 1. [같은 맬] 욕설(남의 인격을 무시하는 모욕적인 말).

　　　　　　　2. 아랫사람의 잘못을 꾸짖음.

　　　　　　　3. 부끄럽고 치욕적이고 불명예스러운 일.

---

7) '영광(榮光)'은 '빛나고 아름다운 영예'를 나타내어 [추상적 실체성]을 지닌다.

나. 욕(辱)되다: 부끄럽고 치욕적이고 불명예스럽다.

다. 욕(辱)하다: [같은 말] 욕설하다(남의 인격을 무시하는 모욕적
인 말이나 남을 저주하는 말을 하다).

'세련(洗練/洗鍊)'은 '서투르거나 어색한 데가 없이 능숙하고 미끈
하게 갈고 닦음'을 뜻하므로 [동작성]을 지닌다. '세련(洗練/洗鍊), 충
성(忠誠)'은 [동작성]을 지니므로 '-하다'와 결합하면 동사가 파생된다.

'망령(妄靈)'은 '늙거나 정신이 흐려서 말이나 행동이 정상을 벗어남.
또는 그런 상태'를 뜻하여 [상태성]을 지닌다. '유감(遺憾)'은 '-하다'와
결합하면 형용사가 파생되므로 [상태성]을 지닌 것으로 판단된다.

다른 한편으로 '-되다' 한자어 어근을 부정적 의미와 긍정적 의미
로 나눠서 살펴보면 다음 (23)과 같다.

(23) 가. [긍정성](6개):
복(福), 순(順), 세련(洗練/洗鍊), 영광(榮光), 충성(忠誠), 충만
(充滿)

나. [부정성](14개): 속(俗), 욕(辱), 샛(邪), 샛(私), 상(常), 생(生), 잡
(雜), 졸(卒), 망령(妄靈), 유감(遺憾), 어중(於中), 외람(猥濫),
편벽(偏僻), 허황(虛荒)

'-되다' 한자어 어근 가운데 긍정적 의미를 나타낸 것은 6개밖에
없고, 부정적 의미를 나타낸 것은 14개가 있다. '-되다' 한자어 어근
중에 부정적 의미를 지닌 것은 훨씬 더 많음을 알 수 있다.

마지막으로 '-스럽다' 한자어 어근의 의미론적 특성을 살펴보겠다.

'-스럽다' 명사성·관형명사성 자립어근 가운데 [실체성]을 지닌 것은 26개, [동작성]을 지닌 것은 31개, [상태성]을 지닌 것은 43개가 있다. 그리고 18개의 '-스럽다' 비자립어근들은 모두 [상태성]을 지닌다. [실체성]을 지닌 '-스럽다' 한자어 어근의 예는 (24)와 같다.

(24) [실체성]

　　가. [구체적 실체성](4개): 여성(女性), 이물(異物), 흉물(凶物), 촌(村)

　　나. [추상적 실체성](22개): 덕(德), 복(福), 색(色), 죄(罪), 경사(慶事), 고역(苦役), 고통(苦痛), 고풍(古風), 곤욕(困辱), 독살(毒煞), 변덕(變德), 비감(悲感), 비밀(秘密), 수치(羞恥), 애교(愛嬌), 영광(榮光), 자유(自由), 정성(精誠), 치욕(恥辱), 탐욕(貪慾), 허풍(虛風), 효성(孝誠)8)

'-스럽다'는 앞에서 살펴본 '-답다, -되다, -롭다'와 달리 [구체적 실체성]을 지닌 한자어 어근과도 결합할 수 있다. [구체적 실체성]을 지닌 한자어 어근 가운데 '여성(女性), 이물(異物),9) 흉물(凶物)'은 인성명사이며, '촌(村)'은 사물명사이다. 구체적 실체성 명사를 어근으로 할 때 '-스럽다' 파생어는 어근과 관련하여 연상되는 어떤 속성이나 특징을 문제 삼는 것이다. 예를 들면 어근으로서의 '흉물(凶物)'은 단

---

8) '수치(羞恥), 자유(自由)'는 [추상적 실체성]과 [상태성]을 모두 지니지만 '-하다'와 결합할 수 없는 것으로 보아 추상적 실체성 명사로 처리하였다.

9) '이물(異物)'은 세 가지 의미를 지니는데(1.기이한 물건; 2. 정상적이 아닌 다른 물질; 3. 성질이 음험하여 측량하기 어려운 사람의 별명), 그 중에 3번째 의미에서 '이물스럽다'(성질이 음험하여 속을 헤아리기에 어려움이 있다.)를 파생한 것이다. 따라서 '이물스럽다'의 어근으로서의 '이물'은 [인간성]을 지닌다.

순히 '성질이 음흉한 사람'을 의미하는 것이 아니라 '흉물'과 관련하여 연상되는 '성질이 음흉함'을 의미하며, '촌(村)'은 단순히 '마을'을 의미하는 것이 아니라 '마을'과 관련하여 연상되는 '세련됨이 없음'을 의미한다.

(24나)에서 제시된 어근들이 (25)에서 보여준 '덕(德), 고통(苦痛), 치욕(恥辱), 허풍(虛風)'처럼 마음이나 아픔, 수치·모욕, 말 등 추상적 존재를 나타내어 [추상적 실체성]을 지닌다.[10]

(25) 가. 덕(德): 도덕적·윤리적 이상을 실현해 나가는 인격적 능력.
　　 나. 고통(苦痛): 몸이나 마음의 괴로움과 아픔.
　　 다. 치욕(恥辱): 수치와 모욕을 아울러 이르는 말.
　　 라. 허풍(虛風): 실제보다 지나치게 과장하여 믿음성이 없는 말이나 행동.

[동작성]을 지닌 '-스럽다' 한자어 어근의 예는 (26)과 같다.

(26) [동작성](31개):
　　 탐(貪), 감격(感激), 감동(感動), 감탄(感歎), 개탄(慨歎), 경멸(輕蔑), 고생(苦生), 고집(固執), 곤혹(困惑), 낭패(狼狽), 당혹(當惑), 당황(唐慌), 만족(滿足), 망신(亡身), 부담(負擔), 불평(不平), 사치(奢侈), 소망(所望), 실망(失望), 야단(惹端), 염려(念慮), 우려(憂慮), 원망(怨望), 의문(疑問), 의심(疑心), 저주(詛呪), 조심(操心), 충성(忠誠),

---

10) [추상적 실체성]을 지닌 명사들이 대부분은 '-하다'와 결합할 수 없는 것으로 나타나지만 '비감(悲感), 비밀(秘密)'은 '-하다'와 결합하면 형용사가 파생된다.

혐오(嫌惡), 호사(豪奢), 후회(後悔)

(26)의 어근들은 모두 (27)에서 보여준 '감동(感動), 곤혹(困惑), 부담(負擔), 조심(操心)'처럼 인물 심리의 움직임을 나타내는 동작성 명사들이다. 이들 어근들이 모두 '-하다'와 결합하여 동사를 파생할 수 있다.

(27) 가. 감동(感動): 크게 느끼어 마음이 움직임.

나. 부담(負擔): 어떠한 의무나 책임을 짐.

다. 곤혹(困惑): 곤란한 일을 당하여 어찌할 바를 모름.

라. 조심(操心): 잘못이나 실수가 없도록 말이나 행동에 마음을 씀.

그러나 그 중에 '불평(不平), 만족(滿足), 사치(奢侈)'는 '-하다'와 결합하면 형·동 양용의 용언이 파생된다. '불평(不平)'의 경우 (28)에서 보여준 1번 뜻풀이는 [동작성]을 지니며 2·3번 뜻풀이는 [상태성]을 지니는데, [동작성] 의미자질에서 '불평스럽다'와 동사 '불평하다'를 파생하며, [상태성] 의미자질에서 형용사 '불평(不平)하다'를 파생한 것이다. 따라서 '불평(不平)'은 [동작성]과 [상태성]을 모두 지니지만 '-스럽다'의 어근일 경우 [동작성]을 지닌 것이다.

(28) 가. 불평(不平): 1. 마음에 들지 아니하여 못마땅하게 여김. 또는 못마땅한 것을 말이나 행동으로 드러냄. 2. 마음이 편하지 아니함. 3. 병으로 몸이 불편함.

나. 불평(不平)스럽다: 마음에 불만이 있어 못마땅하게 여기는 데가 있다.

다. 불평(不平)하다: [동사] 마음에 들지 아니하여 못마땅하게 여기다.
또는 못마땅한 것을 말이나 행동으로 드러내다.
[형용사] 1. 마음이 편하지 아니하다.
2. 병으로 몸이 불편하다.

[상태성]을 지닌 '-스럽다' 한자어 어근의 예는 다음과 같다. 그 중
에 (29가)는 상태성 명사의 예들이며, (29나)는 상태성 어근의 예들
이다.

(29) [상태성](61개):

가. 상태성 명사·관형명사(43개): 가증(可憎), 거만(倨慢), 경박(輕薄),
교만(驕慢), 궁색(窮塞), 극성(極盛), 다정(多情), 다행(多幸), 몰
풍(沒風), 무지(無知), 미안(未安), 번잡(煩雜), 불경(不敬), 불량
(不良), 불만(不滿), 불미(不美), 불안(不安), 불편(不便), 소란
(騷亂), 신비(神秘), 신산(辛酸), 외설(猥褻), 요란(搖亂), 요사
(妖邪), 용맹(勇猛), 유감(遺憾), 위엄(威嚴), 위험(危險), 의아
(疑訝), 이상(異常), 자연(自然), 잔망(孱妄),[11] 창피(猖披), 천진
(天眞), 태연(泰然), 태평(太平), 평화(平和), 혼란(混亂), 부자유
(不自由), 불명예(不名譽)

고급(高級), 천연(天然), 호화(豪華)

나. 상태성 어근(18개): 별(別), 상(常), 성(聖), 잡(雜), 구차(苟且),
면구(面灸), 번다(煩多), 송구(悚懼), 신령(神靈), 심통(心痛), 영

---

11) 그 중에 '신비(神秘), 위엄(威嚴), 자연(自然), 잔망(孱妄)' 등은 [상태성]과 [추상적 실
체성]을 모두 지니지만 해당 '-스럽다' 형용사의 의미를 보면 [상태성] 의미자질에서
파생된 것으로 판단하여 [상태성]으로 처리한다.

악(靈惡), 외람(猥濫), 우악(愚惡), 조잡(粗雜), 죄송(罪悚), 치사(恥事),[12] 한심(寒心), 부자연(不自然)

(29)에서 제시된 어근들은 (30)에서 보여주듯이 인물이나 현상의 상태나 성질을 나타내므로 [상태성]을 지닌다. 이들 [상태성]을 지닌 어근들은 '상(常), 성(聖), 잡(雜)'을 제외하면 모두 '-하다'와 결합하여 형용사를 파생할 수 있다.[13]

(30) 가. 다행(多幸): 뜻밖에 일이 잘되어 운이 좋음.

불만(不滿): 마음에 흡족하지 않음.

혼란(混亂): 뒤죽박죽이 되어 어지럽고 질서가 없음.

나. 구차(苟且): 몹시 가난하고 궁색함.

면구(面灸): 남을 마주 대하기에 부끄러운 데가 있음.

부자연(不自然): 꾸밈이 있거나 하여 어울리지 아니하고 어색함.

다른 한편으로 '-스럽다' 한자어 어근들을 [긍정성]과 [부정성]으로 나누면 다음 (31)과 같다. 그 중에 '덕(德), 복(福), 다행(多幸), 용맹(勇猛)'처럼 긍정적 의미를 나타낸 어근은 27개가 있으며, '죄(罪), 잡(雜), 무지(無知), 번다(煩多)'처럼 부정적 의미를 나타낸 어근은 82개가 있다. '-스럽다' 한자어 어근 가운데 [부정성]을 지닌 것은 압도적으로 많음을 알 수 있다. 이것은 주로 [긍정성]을 지닌 어근과 결합하

---

12) 한자사전에서 '치사(恥事)'가 '쩨쩨하게 굴어 아니꼬움'으로 해석되어 [상태성]을 지닌 것으로 판단된다.

13) 이렇게 [상태성]을 지닌 어근이 '-하다'나 '-스럽다'에 모두 연결될 수 있는 이유와 그 의미론적 차이에 대하여 5.3에서 다룬다.

는 '-롭다'와 다르다.

(31) 가. [긍정성](27개): 감격(感激), 감동(感動), 경사(慶事), 고급(高級),
다정(多情), 덕(德), 복(福), 성(聖), 영광(榮光), 용맹(勇猛), 위
엄(威嚴), 자연(自然), 자유(自由), 정성(精誠), 천진(天眞), 천연
(天然), 충성(忠誠), 태연(泰然), 태평(太平), 평화(平和), 효성(孝
誠) …

나. [부정성](82개): 가증(可憎), 거만(倨慢), 경멸(輕蔑), 곤욕(困辱),
교만(驕慢), 궁색(窮塞), 낭패(狼狽), 망신(亡身), 몰풍(沒風), 무
지(無知), 부자연(不自然), 불량(不良), 비감(悲感), 수치(羞恥),
외설(猥褻), 우악(愚惡), 위험(危險), 죄(罪), 탐욕(貪慾), 흉물
(凶物) …

다. [-긍정성, -부정성](9개): 개탄(慨歎), 고풍(古風), 극성(極盛), 별
(別), 비밀(秘密), 색(色), 신비(神秘), 여성(女性), 호화(豪華)

이상 제2유형의 '-답다, -롭다, -되다, -스럽다' 한자어 어근의 의미
론적 특성을 살펴보았다. 제2유형은 [상태성]을 지닌 어근뿐만 아니
라 [실체성]이나 [동작성]을 지닌 어근과 결합하여 형용사를 파생할
수 있다. 또한 [실체성]을 지닌 어근과 [동작성]을 지닌 어근은 제2유
형 한자어 어근의 절반을 차지하고 있어 그 비중이 상당히 많다고
할 수 있다. 표로 정리하면 다음과 같다.

<표 11> 제2유형 파생형용사 한자어 어근의 의미 자질

의미 자질 / 접미사	[실체성]		[동작성]	[상태성]		합계
	[구체적 실체성]	[추상적 실체성]				
	구체적 실체성 명사	추상적 실체성 명사	동작성 명사	상태성 명사	상태성 어근	
-답다	-	3	-	-	2	5
-롭다	-	18	2	11	7	38
-되다	-	5	2	1	12	20
-스럽다	4	22	31	43	18	118
합계	52		35	94		181

5.2.3 제3유형 한자어 파생형용사 어근의 의미론적 특성

본 절에서는 4.3에서 제시된 제3유형의 '-쩍다, -궂다, -맞다, -지다' 형용사 한자어 어근의 의미론적 특성을 살펴보고자 한다.

'-쩍다' 한자어 어근 가운데 [실체성]을 지닌 어근은 2개, [동작성]을 지닌 어근은 2개, [상태성]을 지닌 어근은 11개가 있다. 비록 생산적이지 않지만 '-쩍다'는 다양한 의미 자질을 지닌 어근들과 결합할 수 있음을 알 수 있다. 구체적 용례는 다음과 같다.

(32) '-쩍다' 한자어 어근의 의미자질

　　가. [실체성]

　　　　ㄱ. [구체적 실체성](1개): 객(客)

　　　　ㄴ. [추상적 실체성](1개): 별미(別味)

　　나. [동작성](2개): 의심(疑心), 혐의(嫌疑)

　　다. [상태성]

　　　　ㄱ. 상태성 명사(4개): 무안(無顔), 미심(未審), 미안(未安), 의

5. 한자어 파생형용사 어근의 의미론적 특성　165

아(疑訝)

ㄴ. **상태성 어근(7개):** 겸연(慊然), 괴란(愧赧), 괴이(怪異), 면
구(面灸), 면난(面赧), 수상(殊常), 황송(惶悚)

그 중에 [구체적 실체성]을 지닌 '객(客)'과 [추상적 실체성]을 지닌
'별미(別味)'는 '-하다'와 결합할 수 없다. [동작성]을 지닌 '의심(疑心),
혐의(嫌疑)'는 '-하다'와 결합하면 동사를 파생하고, [상태성]을 지닌
'무안(無顔), 의아(疑訝)' 등은 모두 '-하다'와 결합하여 형용사를 파생
할 수 있다. 그리고 [상태성]을 지닌 어근들은 모두 심리상태를 나타
낸 것들이다.

다른 한편으로 '-쩍다' 한자어 어근을 [긍정성]과 [부정성]으로 나누
어서 살펴보면 다음 (33)과 같다. 그 중에 긍정적 의미를 나타낸 어
근은 '별미(別味)'밖에 없으며, 부정적 의미를 나타낸 어근은 12개가
있다. '-쩍다'의 선행 한자어 어근은 주로 부정적 의미를 지닌다고 할
수 있다.

(33) 가. [긍정성](1개): 별미(別味)

　　ㄴ. [부정성](12개): 의심(疑心), 혐의(嫌疑), 무안(無顔), 미심(未審),
　　　　미안(未安), 겸연(慊然), 괴란(愧赧), 괴이(怪異), 면구(面灸), 면
　　　　난(面赧), 수상(殊常), 황송(惶悚)

　　ㄷ. [-긍정성, -부정성](2개): 객(客), 의아(疑訝)

'-궂다' 한자어 어근 가운데 [추상적 실체성]을 지닌 어근은 1개, [상
태성]을 지닌 어근은 3개가 있다. '심술(心術)'은 '남을 골리기 좋아하
거나 남이 잘못되는 것을 좋아하는 마음보'를 나타내어 [추상적 실체

성]을 지닌다. 그리고 비자립어근인 '패려(悖戾), 험(險), 험상(險狀)'
은 사람의 언행이나 성질이 '도리에 어그러지고 사나움, 거칠고 험하
게 생긴 모양이나 상태'를 나타내므로 [상태성]을 지닌다. '-궂다' 한
자어 어근은 모두 [부정성]을 지닌다.

(34) '-궂다' 한자어 어근의 의미자질
　　가. [추상적 실체성](1개): 심술(心術)
　　나. [상태성](3개): 패려(悖戾), 험(險), 험상(險狀)

　'-맞다' 한자어 어근 가운데 [추상적 실체성]을 지닌 어근은 3개, [상
태성]을 지닌 어근은 4개가 있다. 그 중에 '변덕(變德), 사풍(斜風), 흉
증(凶證)'은 각각 사람의 '잘 변하는 태도, 점잖지 못한 태도, 음흉한
성질'을 나타내는 추상적 실체성 명사이다. 그리고 '가증(可憎), 궁상
(窮狀), 극성(極盛)'은 각각 태도나 외모의 '얄미움, 궁한 상태, 지나
치게 적극적임'을 나타내는 상태성 명사이고 '증상(憎狀)'은 사람의
생김새나 행동이 '징그러울 만큼 보기에 언짢음'을 나타내는 상태성
어근이다.14) '-맞다' 한자어 어근은 모두 [부정성]을 지닌다.

(35) '-맞다' 한자어 어근의 의미자질
　　가. [추상적 실체성](3개): 변덕(變德), 사풍(斜風), 흉증(凶證)

---

14) 변덕(變德): 이랬다저랬다 잘 변하는 태도나 성질.
　　사풍(斜風): 1. 경솔하여 점잖지 못한 태도. 2. 못된 풍습.
　　흉증(凶證): 음흉하고 험상궂은 성질이나 버릇.
　　가증(可憎): 괘씸하고 얄미움. 또는 그런 짓. 궁상(窮狀): 어렵고 궁한 상태.
　　극성(極盛): 1. 몹시 왕성함. 2. 성질이나 행동이 몹시 드세거나 지나치게 적극적임.
　　증상(憎狀): 모양이나 몸가짐이 징그러울 만큼 보기에 언짢음.

나. [상태성]

　　ㄱ. **상태성 명사(3개)**: 가증(可憎), 궁상(窮狀), 극성(極盛)

　　ㄴ. **상태성 어근(1개)**: 증상(憎狀)

'-지다' 한자어 어근 가운데 [실체성]을 지닌 어근은 6개, [상태성]을 지닌 어근은 4개가 있다. 그 중에 '남성(男性), 여성(女性)'은 [구체적 실체성]을 지닌 것이다. '강단(剛斷), 오기(傲氣), 윤(潤), 잔풍(殘風)'은 각각 어떤 힘, 마음, 기운, 바람을 나타내므로 [추상적 실체성]을 지닌다.[15]

(36) '-지다' 한자어 어근의 의미자질

　가. [실체성]

　　ㄱ. [구체적 실체성](2개): 남성(男性), 여성(女性)

　　ㄴ. [추상적 실체성](4개): 강단(剛斷), 오기(傲氣), 윤(潤), 잔풍
　　　　(殘風)

　나. [상태성]

　　ㄱ. **상태성 명사 (2개)**: 거만지(倨慢), 굴곡(屈曲)

　　ㄴ. **상태성 어근 (2개)**: 다기(多氣), 성근(誠勤)

다른 한편으로 '-지다' 한자어 어근을 [긍정성]과 [부정성]으로 나눠서 살펴보면 다음 (37)과 같다. 그 중에 부정적 의미를 나타낸 어근

---

15) 강단(剛斷): 굳세고 꿋꿋하게 견디어 내는 힘. 잔풍(殘風): 한참 불고 난 뒤에 쉬 그치는 바람.
　　오기(傲氣): 능력은 부족하면서도 남에게 지기 싫어하는 마음. 윤(潤): 반질반질하고 매끄러운 기운.

은 1개, 긍정적 의미를 나타낸 어근은 3개, 나머지는 [-긍정성, -부정성]을 지닌 것들이다.

(37) 가. [긍정성](3개): 강단(剛斷), 다기(多氣), 성근(誠勤)

　　나. [부정성](1개): 거만(倨慢)

　　다. [-긍정성, -부정성](6개):

　　　　굴곡(屈曲), 남성(男性), 여성(女性), 오기(傲氣), 윤(潤), 잔풍(殘風)

　　이상 제3유형의 '-쩍다, -궂다, -맞다, -지다' 한자어 어근의 의미론적 특성을 살펴보았는데 표로 정리하면 다음과 같다.

〈표 12〉 제3유형 파생형용사 한자어 어근의 의미 자질

의미 자질 접미사	[실체성]		[동작성]	[상태성]		합계
	[구체적 실체성]	[추상적 실체성]				
	구체적 실체성 명사	추상적 실체성 명사	동작성 명사	상태성 명사	상태성 어근	
-쩍다	1	1	2	4	7	15
-궂다	-	1	-	-	3	4
-맞다	-	3	-	3	1	7
-지다	2	4	-	2	2	10
합계	12		2	22		36

　　이상 각 유형 한자어 파생형용사 어근의 의미론적 특성을 살펴보았다. 어근의 의미자질별로 살펴보면 [상태성]을 지닌 것은 가장 많고, [실체성]을 지닌 것과 [동작성]을 지닌 것은 양이 적고, [양태성]을 지닌 것은 가정 적다. [실체성]을 지닌 어근 중에 [구체적 실체성]을

지닌 것은 '-스럽다, -쩍다, -지다'와만 결합할 수 있다. [동작성]을 지닌 어근은 '-스럽다, -롭다, -되다, -쩍다'와만 결합할 수 있다.

제1유형의 '-하다' 형용사 한자어 어근은 특수한 경우를 제외하면 모두 [상태성]을 지니고 있다. '-하다' 형용사 한자어 어근 가운데 '독(毒), 부(富), 분(憤)'과 같은 [추상적 실체성]을 지닌 어근도 있으며 '부득이(不得已)'와 같은 [양태성]을 지닌 어근도 제한적으로 나타난다. 이것은 극히 제한적 경우를 제외하면 [실체성]이나 [동작성]을 지닌 한자어들이 '-하다' 파생형용사의 어근이 되지 못함을 의미한다.

제2유형의 '-답다, -롭다, -되다, -스럽다' 한자어 어근(181개) 가운데 [실체성]을 지닌 것은 52개, [동작성]을 지닌 것은 35개, [상태성]을 지닌 것은 94개가 있다. [실체성]을 지닌 어근 중에 [구체적 실체성]을 지닌 것은 4개, [추상적 실체성]을 지닌 것은 48개가 있다. [실체성]이나 [동작성]을 지닌 어근은 제2유형 한자어 어근의 절반을 차지하고 있어 그 비중이 상당히 높음을 확인하였다. 이와 같은 특성은 제1유형과 완전히 다른 점이다.[16]

제3유형의 '-쩍다, -궂다, -맞다, -지다' 한자어 어근(36개) 가운데 [실체성]을 지닌 것은 12개, [동작성]을 지닌 것은 2개, [상태성]을 지닌 것은 22개가 있다. [실체성]을 지닌 어근 중에 [구체적 실체성]을 지닌 것은 2개, [추상적 실체성]을 지닌 것은 10개가 있다. 제3유형은 비록 생산성이 낮지만 [상태성]뿐만 아니라 [실체성]이나 [동작성]을 지닌 한자어 어근과도 결합할 수 있음도 확인하였다.

각 유형 파생형용사 한자어 어근의 의미자질을 표로 정리하면 다음과 같다.

---

16) 이런 현상에 대한 논의는 5.3에서 진행한다.

〈표 13〉 각 유형 파생형용사의 한자어 어근 의미자질 비교

의미자질 접미사		[실체성]		[동작성]	[상태성]			[양태성]	합계
		[구체적 실체성]	[추상적 실체성]						
		구체적 실체성 명사	추상적 실체성 명사	동작성 명사	상태성 명사	상태성 부사	상태성 어근	양태성 부사	
제1 유형	-하다	-	3	-	425	14	631	1	1,074
제2 유형	-답다	-	3	-	-	-	2	-	5
	-롭다	-	18	2	11	-	7	-	38
	-되다	-	4	2	2	-	12	-	20
	-스럽다	4	22	31	43	-	18	-	118
제3 유형	-쩍다	1	1	2	4	-	7	-	15
	-궂다	-	1	-	-	-	3	-	4
	-맞다	-	3	-	3	-	1	-	7
	-지다	2	4	-	2	-	2	-	10
합계		7	59	37	1,187			1	1,291
		66							

한편 각 유형 파생형용사 한자어 어근의 [긍정성]이나 [부정성] 경향에도 분명한 차이가 난다. 특별한 가치 평가적 경향성이 없는 '-하다, -지다' 한자어 어근과 달리, [긍정성]을 지닌 한자어 어근은 주로 '-답다, -롭다'와 결합하고, [부정성]을 지닌 한자어 어근은 주로 '-스럽다, -쩍다, -되다, -맞다, -궂다' 등과 결합하는 것으로 나타난다. 그 중에 '-답다'는 긍정적 의미를 지닌 어근과만 결합하고, '-맞다, -궂다'는 부정적 의미를 지닌 어근과만 결합한다.

5.3 제1유형과 제2 · 3유형 한자어 파생형용사 어근의 의미론적 차이

앞에서 언급하였듯이 제1유형과 제2 · 3유형 한자어 파생형용사 어근이 의미론적으로 명확한 차이를 가지고 있다. 여기서는 이들 어근의 의미론적 차이를 구체적으로 살펴보고자 한다. 그 중에 제1유형의 '-하다'와 제2유형의 '-스럽다'는 현대한국어 파생형용사 가운데 가장 대표적이고 가장 양이 많은 부류이다. 이 두 유형의 파생접미사가 의미적으로 다를 뿐만 아니라 취하는 어근에도 차이가 있다. 앞에서 살펴보았듯이 '-하다'는 의미적으로 비어있는 반면에 '-스럽다/-롭다' 등은 어근의 속성이 풍부히 있음을 의미한다. 또한 '-하다'는 [상태성]을 지닌 어근과만 결합할 수 있는 반면에 '-스럽다/-롭다' 등은 [상태성]의 어근뿐만 아니라 [실체성]이나 [동작성]의 어근과도 결합할 수 있다.

먼저 [실체성]을 지닌 어근의 경우를 살펴보겠다. '-스럽다, -롭다, -답다' 등의 어근에는 구체적 실체성이나 추상적 실체성을 지닌 실제 명사가 나타난다. 예를 들면 '정(情), 의(義), 감미(甘味), 예사(例事), 향기(香氣), 여성(女性), 이물(異物), 촌(村)' 등 실제 명사가 '-답다'나 '-롭다' '-스럽다'의 어근으로서 가능하다. 실체성 명사[17]가 '-스럽다, -롭다, -답다'와 '-하다'가 결합하는 양상을 표로 보이면 다음과 같다.[18]

---

17) 본서에서의 [실체성]은 5.1에서 밝히듯이 [구체적 실체성]('촌(村), 여성(女性)')과 [추상적 실체성]('정(情), 향기(香氣)')을 포괄하는 용어로 순수한 사물 지시성을 지닌다.
18) 다음 표에서 어근과 접미사가 결합하여 파생된 어휘는 동사이면 'V'로, 형용사이면 'A'로, 결합하지 못하면 'X'로 표시한다.

<표 14> 실체성을 지닌 한자어 어근과 접사의 결합 양상

[실체성]	-하다	-스럽다	[실체성]	-하다	-스럽다	[실체성]	-하다	-롭다
객(客)	X	A	여성(女性)	X	A	감미(甘味)	X	A
경사(慶事)	X	A	영광(榮光)	X	A	권태(倦怠)	X	A
고역(苦役)	X	A	영예(榮譽)	X	A	명예(名譽)	X	A
고통(苦痛)	X	A	예사(例事)	X	A	상서(祥瑞)	X	A
고풍(古風)	X	A	이물(異物)	X	A	생기(生氣)	X	A
곤욕(困辱)	X	A	정성(精誠)	X	A	영예(榮譽)	X	A
덕(德)	X	A	죄(罪)	X	A	예사(例事)		
독살(毒煞)	X	A	촌(村)	X	A	의(義)		
명예(名譽)	X	A	치욕(恥辱)	X	A	이채(異彩)	X	A
변덕(變德)	X	A	탐욕(貪慾)	X	A	자애(慈愛)	X	A
복(福)	X	A	허풍(虛風)	X	A	정의(正義)	X	A
상서(祥瑞)	X	A	호기(豪氣)	X	A	지혜(智慧)	X	A
색(色)	X	A	효성(孝誠)	X	A	향기(香氣)	X	A
심술(心術)	X	A	흉물(凶物)	X	A	호기(豪氣)	X	A
애교(愛嬌)	X	A				흥미(興味)	X	A

위의 표에서 제시된 어근들이 '객(客), 흉물(凶物)'처럼 사람이나 동물을 가리키는 실체성 명사도 있으며 '복(福), 향기(香氣)'처럼 추상적 실체성을 지니는 추상적 실체성 명사도 있다. 이들 명사의 공통적 특징은 [-상태성]이다.

(38) 가. 객(客): 1. 찾아온 사람. 2. 집을 떠나 여행길을 가는 사람.
흉물(凶物): 1. 성질이 음흉한 사람. 2. 모양이 흉하게 생긴 사람이나 동물.
나. 복(福): 삶에서 누리는 좋고 만족할 만한 행운. 또는 거기서 얻는 행복.
애교(愛嬌): 남에게 귀엽게 보이는 태도.
향기(香氣): 꽃, 향, 향수 따위에서 나는 좋은 냄새.

[-상태성]의 실제 명사가 '-하다'의 어근으로 쓰이기 어렵지만 '-스

럽다, -롭다, -답다'의 어근으로 쓰일 수 있는 것은 '-하다'와 '-스럽다, -롭다, -답다'의 의미적 차이와 관계가 있는 것으로 보인다. 파생접미사 '-하다'의 경우 의미적으로 비어있기 때문에 어근이 스스로 형용사적 성격을 강하게 지니고 있어야 '-하다' 형용사를 파생할 수 있다. 하지만 순수 명사는 그 자체가 형용사적 성격을 지니지 못하므로 '-하다' 형용사를 파생할 수 없는 것이다. 이와 달리 파생접미사 '-스럽다, -롭다, -답다'의 경우 자체에 '어근의 속성이 있음/접근했음'과 같은 의미를 지니고 있으므로 [-상태성]의 일반 명사에 형용성의 의미를 부여할 수 있다. 따라서 일반 명사는 '-스럽다, -롭다, -답다' 등 파생접미사의 도움을 받아서 형용사를 형성할 수 있다.

다음에 [동작성]을 지닌 명사의 경우를 살펴보겠다. 검토를 통해서 '-스럽다/-롭다'와 '-하다' 한자어 어근 파생형용사의 또 하나의 차이점은 동작성 명사를 어근으로 취할 수 있는지에 있다. 예를 들면 '조심(操心), 의심(疑心), 부담(負擔), 실망(失望), 고생(苦生)' 등 심리변화를 나타내는 명사성 어근들이 '-스럽다'와 결합하면 형용사를 파생할 수 있지만 '-하다'와 결합하면 형용사가 아니라 동사를 파생한다. 동작성 명사가 '-스럽다/-롭다'와 '-하다' 어근의 결합 양상을 표로 보이면 다음 〈표 15〉와 같다.19)

---

19) 이밖에 '세련(洗練), 욕(辱)'처럼 '-되다와 결합하면 형용사를 생성하며 '-하다'와 결합하면 동사를 생성하는 동작성 명사도 몇 개가 있다.

심리변화 명사	-하다	-스럽다	심리변화 명사	-하다	-스럽다	심리변화 명사	-하다	-롭다
감격(感激)	V	A	실망(失望)	V	A	경이(驚異)	V	A
감동(感動)	V	A	야단(惹端)	V	A	조화(調和)	V	A
감탄(感歎)	V	A	염려(念慮)	V	A	해(害)	V	A
개탄(慨歎)	V	A	우려(憂慮)	V	A	저주(詛呪)	V	A
경멸(輕蔑)	V	A	원망(怨望)	V	A	애고(哀苦)	V	A
고생(苦生)	V	A	의문(疑問)	V	A	순리(順理)	V	A
고집(固執)	V	A	의심(疑心)	V	A	환희(歡喜)	V	A
곤혹(困惑)	V	A	저주(詛呪)	V	A			
낭패(狼狽)	V	A	조심(操心)	V	A			
당혹(當惑)	V	A	충성(忠誠)	V	A			
당황(唐慌)	V	A	탐(貪)	V	A			
망신(亡身)	V	A	혐오(嫌惡)	V	A			
부담(負擔)	V	A	후회(後悔)	V	A			
소망(所望)	V	A						

〈표 15〉에서 제시된 어근들이 대부분 다음 용례에서 보여준 '조심(操心), 원망(怨望), 실망(失望), 후회(後悔)' 등처럼 사람의 심리변화를 나타낸 것들이다.

(39) 조심(操心): 잘못이나 실수가 없도록 말이나 행동에 마음을 씀.
　　　원망(怨望): 못마땅하게 여기어 탓하거나 불평을 품고 미워함.
　　　실망(失望): 바라던 일이 뜻대로 되지 아니하여 마음이 몹시 상함.
　　　후회(後悔): 이전의 잘못을 깨치고 뉘우침.

동작성을 지닌 심리변화 명사가 '-하다'와 결합하면 형용사를 형성할 수 없으며 '-스럽다/-롭다'와 결합하면 형용사를 형성할 수 있는 것은 역시 '-하다'와 '-스럽다/-롭다'의 의미적 차이에 기인한 것으로 보인다. 파생접미사 '-하다'의 경우 의미적으로 비어있고 어근의 의미를 그대로 투영하기 때문에 어근이 동작성을 지니면 당연히 동사를 파생하고 형용사를 파생할 수 없는 것이다. 동작성 명사는 '-하다'와 결합하면 동사가 된다. 이와 달리 '-스럽다/-롭다'의 경우 어근에 형용성의 의미를 부여할 수 있으므로 심리 변화를 나타내는 동작성 어근은 '-스럽다/-롭다'와 결합하여 형용사를 형성할 수 있다.

하지만 모든 동작성 명사들이 '-스럽다'와 결합하여 동사를 형성할 수 있는 것은 아니다. 다음 〈표 16〉에서 보여주듯이 동작성을 지닌 '고민(苦悶)'의 유의어인 '고심(苦心), 고뇌(苦惱), 갈등(葛藤), 번뇌(煩惱), 번민(煩悶), 오뇌(懊惱)' 등이 모두 '-하다'와 결합하여 동사를 파생할 수 있지만, 이들 중에 '고민(苦悶)'만 '-스럽다'와 결합하여 형용사를 파생할 수 있다. 동작성을 지닌 '감격(感激)'의 유의어들도 마찬가지로 모두 '-하다'와 결합하여 동사를 파생할 수 있지만, 이들 중에 '-스럽다'와 결합하여 형용사를 파생할 수 있는 것은 '감격(感激)'과 '감탄(感歎)'밖에 없다.

〈표 16〉 동작성을 지닌 유의어 한자어 어근과 접사의 결합 양상

동작성 어근	고민 (苦悶)	고심 (苦心)	고뇌 (苦惱)	갈등 (葛藤)	번뇌 (煩惱)	번민 (煩悶)	오뇌 (懊惱)
-하다	V	V	V	V	V	V	V
-스럽다	A	X	X	X	X	X	X
동작성 어근	감격 (感激)	감동 (感動)	감명 (感銘)	감사 (感謝)	감탄 (感歎)	분발 (奮發)	흥분 (興奮)
-하다	V	V	V	V/A	V	V	V
-스럽다	A	X	X	X	A	X	X

마지막으로 [상태성]을 지닌 상태성 명사와 상태성 어근의 경우를 살펴보겠다. 추출된 '-스럽다' 한자어 어근 파생형용사의 어근 중 상태성을 지닌 어근에 대한 확인 결과는 '상(常), 성(聖), 잡(雜)'을 제외하면 모두 동시에 '-하다'와 결합하여 형용사를 파생하는 어근 공유 현상을 관찰할 수 있다.[20) 이를 확인하기 위하여 『빈도』(2002)에서 수록된 '-하다' 형용사 한자어 어근 중 '-스럽다'와 결합 가능한 어근의 의미자질을 확인하였는데 역시 모두 상태성을 지닌 것들이다.[21) 결과적으로는 '-하다/-스럽다' 형용사 어근 공유 현상을 지닌 한자어 어근을 152개를 확인하였다.[22) 한자어 상태성 명사 및 상태성 어근 중 '-하다/-스럽다' 공유 어근의 일부 예를 표로 보이면 다음 〈표 17〉과 같다.

〈표 17〉 '-하다/-스럽다' 상태성 한자어 어근 공유 현상

상태성 명사	-하다	-스럽다	상태성 명사	-하다	-스럽다	상태성 어근	-하다	-스럽다
거만(倨慢)	A	A	불편(不便)	A	A	구차(苟且)	A	A
경박(輕薄)	A	A	소란(騷亂)	A	A	면구(面灸)	A	A
교만(驕慢)	A	A	요란(搖亂)	A	A	번다(煩多)	A	A
궁색(窮塞)	A	A	요사(妖邪)	A	A	송구(悚懼)	A	A
극성(極盛)	A	A	용맹(勇猛)	A	A	신령(神靈)	A	A
다정(多情)	A	A	위엄(威嚴)	A	A	심통(心痛)	A	A
다행(多幸)	A	A	위험(危險)	A	A	영악(靈惡)	A	A
번잡(煩雜)	A	A	의아(疑訝)	A	A	외람(猥濫)	A	A

---

20) '상(常), 성(聖), 잡(雜)'의 경우 중국어에서 독자적으로 쓰이지 못한 것들이다.
21) 물론 [+상태성]을 지닌 한자어 어근들이 모두 '-하다/-스럽다'의 공유 어근이 될 수 있다는 것이 아니다.
22) 『표준』(1999)에서는 254개의 '-하다/-스럽다' 공유 한자어 어근을 추출하였다. '-하다 /-스럽다/-롭다' 3가지 접미사의 공유 어근인 '평화(平和), 신비(神秘), 한가(閑暇), 호화(豪華), 인자(仁慈), 부자유(不自由), 초조(焦燥)'를 제외하였다.

불경(不敬)	A	A	이상(異常)	A	A	우악(愚惡)	A	A
불량(不良)	A	A	자연(自然)	A	A	조잡(粗雜)	A	A
불만(不滿)	A	A	잔망(孱妄)	A	A	죄송(罪悚)	A	A
불미(不美)	A	A	창피(猖披)	A	A	치사(恥事)	A	A
불안(不安)	A	A	혼란(混亂)	A	A	한심(寒心)	A	A

그러면 동일한 어근에 '-하다/-스럽다'를 결합하여 파생한 형용사
가 어떤 차이를 지니는지 살펴보겠다. 예문 (40)은 '한심(寒心)'을 어
근으로 한 '한심(寒心)하다'와 '한심(寒心)스럽다'의 용례를 보여준다.
'한심(寒心)스럽다'를 쓰인 (40가, 나)가 '한심(寒心)하다'를 쓰인 (40
가', 나')보다 완화·신중한 느낌을 준다.

> (40) 가. 중학생이 구구단도 못 외우다니 참으로 <u>한심스러운</u> 일이다.
> (『표준』)
>
> 가'. 중학생이 구구단도 못 외우다니 참으로 <u>한심한</u> 일이다.
>
> 나. 당은 아직도 내부 불협화음으로 전열정비도 갖추지 못한 상태
> 이며, 정부는 대통령의 레임덕을 우려해 오히려 당을 견제하고
> 있는 상황이어서 더욱 <u>한심스럽다</u>. (정두언, 한국의 보수, 비탈
> 에 서다, 2011:61)
>
> 나'. 당은 아직도 내부 불협화음으로 전열정비도 갖추지 못한 상태
> 이며, 정부는 대통령의 레임덕을 우려해 오히려 당을 견제하고
> 있는 상황이어서 더욱 <u>한심하다</u>.

'-스럽다'의 이와 같은 화용적 어감 완화 기능에 대해서 안예리
(2008)에서 '헤지(hedge)'로 제안한 바가 있다. 헤지는 어떤 표현의 정
도를 약화시킴으로 단언적인 인상을 피하고 명제 내용을 모호하게

만드는 담화 화용적 개념이다.[23] 신명선(2006)에서 학술적인 글에서 헤지 표현을 쓰인 것은 강한 어조의 단언을 피함으로써 보다 설득력을 얻을 수 있으며, 직접적인 책임을 회피할 수 있다고 하였다. '유감(遺憾)스럽다'를 쓰인 예문 (41가, 나)도 '유감(遺憾)하다'를 쓰인 (41다)보다 강한 단언의 어감을 피할 수 있다.

  (41) 가. 중요한 역할을 해야 하는 야당세력과 현 정권에 대한 명확한
          대항정책 및 차기 수상 후보를 제시하지 못하는 현실이 참으로
          <u>유감(遺憾)스럽다</u>. (이홍천 역, 매니페스토의 탄생, 2006:106)
      나. 귀중한 민중의 생명과 재산을 거듭 빼앗는다는 것은 더욱 <u>유감
          (遺憾)스럽다</u>. (박원순, 고문의 한국현대사 야만시대의 기록,
          2006:151)
      다. 실제를 목격하지 못한 구미 각국 사람들까지 잘못 알게 하는
          것은 실로 <u>유감(遺憾)하도다</u>. (대한매일신보)

  본서는 추출된 152개의 '-하다/-스럽다' 공유 한자어 어근에 대한 확인 결과는 [부정성]을 지닌 어근은 117개, [긍정성]을 지닌 어근은 35개가 있다(예 42). '-하다/-스럽다'의 공유 한자어 어근 중 대부분 [부정성]을 지닌 것들임을 알 수 있다.

  (42) '-하다/-스럽다' 공유 한자어 어근
      가. [부정성]: 이상(異常), 복잡(複雜), 미안(未安), 불편(不便), 위험
          (危險), 불안(不安), 급(急), 죄송(罪悚), 어색(語塞), 곤란(困難),

---

23) 신명선(2006), 안예리(2008:75) 참조.

요란(搖亂), 극심(極甚), 창피(猖披), 무심(無心), 초조(焦燥), 잔
인(殘忍), 한심(寒心), 불길(不吉), 의아(疑訝), 지독(至毒), 허망
(虛妄), 다급(多急), 불쾌(不快) …

나. [긍정성]: 다양(多樣), 간단(簡單), 행복(幸福), 활발(活潑), 만족
(滿足), 친절(親切), 과감(果敢), 다정(多情), 거창(巨創), 우아
(優雅), 원만(圓滿), 순진(純眞), 신통(神通), 용감(勇敢), 명랑
(明朗), 공손(恭遜), 신령(神靈) …

하지만 '-하다/-스럽다'의 공유 어근은 사용 빈도에 차이가 있다.[24]
조사 결과에 의하면 부정적 공유 어근과 긍정적 공유 어근의 경우
모두 '-하다'와의 결합이 '-스럽다'와의 결합보다 우세하게 사용된다.
이와 같은 현상은 '-스럽다'의 어감 완화·신중 기능이 화자에 따라
선택적으로 사용됨을 시사해 준다.

이상 '-하다' 한자어 어근과 '-스럽다, -롭다, -답다' 한자어 어근이
[실체성]과 [동작성], [상태성]에 보이는 차이점을 구체적으로 살펴보
고 이와 같은 차이점이 나타난 이유를 규명하였다.
[실체성]이나 [동작성]을 지닌 명사성 자립어근들이 '-하다'와 결합

---

24) 『빈도』(2002)에서 제시된 사용 빈도가 20번 이상의 '-하다/-스럽다' 공유 어근을 대상
으로 조사하였다. 공유 어근을 가진 '-하다:-스럽다' 형용사의 사용 빈도수를 제시하
면 다음과 같다.
가. 이상하다:이상스럽다-295:8, 복잡하다:복잡스럽다-171:0, 미안하다:미안스럽다
-154:1, 불편하다:불편스럽다-123:1, 위험하다:위험스럽다-102:3, 불안하다:불안
스럽다-100:3
나. 다양하다:다양스럽다-356:0, 간단하다:간단스럽다-172:0, 행복하다:행복스럽다
-117:0, 활발하다:활발스럽다-94:0, 만족하다:만족스럽다-52:22, 친절하다:친절스
럽다-51:0

하여 형용사를 형성할 수 없고 '-스럽다, -롭다' 등과 결합해야 형용사를 형성할 수 있는 것은 '-하다'와 '-스럽다, -롭다' 등의 의미적 차이에 기인한 것으로 보인다. '-하다'의 경우 의미적으로 비어있기 때문에 어근이 스스로 상태성을 강하게 지니고 있어야 '-하다' 형용사를 파생할 수 있는데, 순수 명사는 그 자체가 형용사적 성격을 지니지 못하므로 '-하다' 형용사를 파생할 수 없는 것이고, 동작성을 지닌 명사는 동사성을 그대로 투영해서 동사를 파생할 수밖에 없다. 이와 달리 '-스럽다, -롭다, -답다' 등의 경우 자체에 '어근의 속성이 풍부히 있음'과 같은 의미를 지니고 있으므로 실체성 명사나 동작성 명사에 형용성의 의미를 부여할 수 있다. 따라서 [실체성]이나 [동작성]을 지닌 명사들은 '-스럽다, -롭다, -답다' 등 파생접미사의 도움을 받아서 형용사를 형성할 수 있다.

　그리고 '-스럽다'의 [상태성] 한자어 어근들은 모두 동시에 '-하다'와 결합하여 형용사를 파생하는 공유 어근임을 확인하였는데 이것은 화자가 '-하다' 형용사의 강한 단언적 어감을 약화하기 위해서 신중한 느낌을 줄 수 있는 '-스럽다'를 사용한 것으로 보인다. 공유 어근은 '-하다'와의 결합이 '-스럽다'와의 결합보다 압도적으로 많이 쓰이는 것은 신중을 나타난 '-스럽다'의 쓰임이 선택적으로 이루어짐을 의미한다.

6. 요약과 전망

　본서는 현대한국어의 한자어 어근 파생형용사를 체계적으로 분석하고, 한자어 어근의 형태론적 특성 및 의미론적 특성을 고찰하고, 한자어 어근과 해당 어근의 중국어 용법과의 상관관계를 밝히는 데에 목적이 있다. 이를 달성하기 위하여 본문을 4장으로 나누어서 논의하였다. 본서에서 논의한 것을 정리하면 다음과 같다.

　2장에서는 먼저 본서에서 사용할 어근의 개념과 어근의 범위를 규명하고 파생접미사의 판별 기준을 세우고 이에 따라 한자어 어근을 형용사로 파생하는 접미사의 목록을 작성하였다. 여기서의 논의를 통해서 선행 연구에서 접미사 여부에 견해의 차이가 난 '없다, 같다, 나다, 차다'를 파생접미사가 아닌 것으로 보았으며, 한자어 어근을 형용사로 파생하는 접미사를 그 특성에 따라 다음과 같이 3가지 유형으로 분류하였다. 제1유형 '-하다'는 의미가 비어있는 접미사이고, 제2유형 '-답다, -롭다, -되다, -스럽다'는 고유 의미를 지니고 기원적·의미론적으로 서로 관련성이 있는 전형적인 접미사들이며, 제3유형 '-쩍다, -궂다, -맞다, -지다'는 의미를 지니고 제2유형과는 형태론적·기원적으로 다른 접미사들이다.

3장에서는 각 유형에 해당되는 파생접미사의 형태·의미론적 특성을 살펴보았다. 제1유형 '-하다'는 의미적으로 비어있는 반면, 제2유형의 '-답다, -롭다, -되다, -스럽다'는 유사하게 '어근의 속성이 풍부히 있음'을 나타내고, 제3유형의 '-쩍다'는 '그러한 느낌이 있음', '-궂다'는 '어근의 부정적 속성을 명확하게 드러냄', '-맞다'는 '어근의 속성을 가지고 있음', '-지다'는 '어근이 지시하는 의미내용이 풍부히 있음'을 나타낸다. 생산성에 있어서 '-하다'는 가장 높고 '-스럽다'는 그 다음으로 높고 나머지 접미사들은 생산성이 높지 않다.

4장에서는 한자어 어근을 자립성과 내적 구조에 따라 분류하고 각 유형 한자어 파생형용사 어근의 자립성과 내적 구조를 분석하여 한자어 파생형용사 어근의 형태론적 특성을 살펴보았다. 한자어 어근은 자립성에 따라 명사성 자립어근, 관형명사성 자립어근, 부사성 자립어근, 비자립어근으로 나누었고, 내적 구조에 따라 단일어근, 합성어근과 파생어근으로 나누되 합성어근을 다시 병렬구조('형용사성 한자어 어근+형용사성 한자어 어근'(귀중(貴重)), '동사성 한자어 어근+동사성 한자어 어근'(세련(洗練)), '명사성 한자어 어근+명사성 한자어 어근'(지혜(智慧)), 주술구조(야심(夜深)), 술목구조(실망(失望)), 술보구조(충만(充滿)), 수식구조('부사성 한자어 어근+형용사성 한자어 어근'(최대(最大)), '형용사성 한자어 어근+명사성 한자어 어근'(대담(大膽)) 등으로 나누었다.

각 유형 한자어 어근이 자립성에 나타난 차이점은 다음과 같다. 첫째, 제1유형의 '-하다' 형용사 한자어 어근은 비자립어근이 우세하게 나타나는 반면 제2유형의 '-스럽다, -롭다' 등의 어근은 대부분 자립어근이다. 한편 제3유형의 어근은 자립어근과 비자립어근이 비슷하게 나타난다. 둘째, 부사성 자립어근은 '-하다' 형용사 한자어 어근에만 나타난다. 셋째, 관형명사성 자립어근은 주로 '-하다' 한자어 어근에 나타나며, '-롭다, -스럽다' 한자어 어근에 나타난 것은 모두 '-하다'와 결합할 수 있다.

각 유형 파생형용사 한자어 어근의 내적 구조를 살펴보면 합성어근의 경우 제1유형과 제2·3유형 사이에 공통점도 있지만 차이점도 많이 나타난다. 첫째, 수식구조의 경우 제1유형과 제2유형은 모두 부사성 한자어 어근이 형용사성 한자어 어근을 수식하는 구조('극성(極盛), 불량(不良)')와 형용사성 한자어 어근이 명사성 한자어 어근을 수식하는 구조('다정(多情), 이물(異物)')가 있다. 둘째, 병렬구조의 경우 제1유형에는 두 형용사성 한자어 어근이 병렬된 구성만 있지만, 제2·3유형에는 두 형용사성 한자어 어근이 병렬된 구성('권태(倦怠), 번잡(煩雜)')뿐만 아니라 두 동사성 한자어 어근이 병렬된 구성('세련(洗練), 부담(負擔)')과 두 명사성 한자어 어근이 병렬된 구성('상서(祥瑞), 낭패(狼狽)')도 적지 않게 나타난다. 셋째, 주술구조의 경우 제1유형에는 많이 나타난 데 반해 제2유형은 '-스럽다'에만 몇 개가 나타난다('심통(心痛)'). 넷째, 제2유형에는 '-하다'에 없는 술목구조('실망(失望), 망신(亡身)')와 술보구조('충만(充滿), 요란(搖亂)')도 나타난다.

'-하다' 형용사 한자어 어근과 해당 한자 어근의 중국어 용법과의 상관관계를 살펴본 결과 이 어근들은 중국어에서는 대부분 형용사적 용법을 지니고 있음을 확인하였다. 이 점은 '-하다' 형용사 어근이 대부분 비자립적 용법을 가지는 이유로 보인다. 또한 명사성 자립어근을 갖는 '-하다' 형용사도 원래는 한자어 명사성 자립어근에 '-하다'가 결합되어 형용사가 생성된 것이 아니라, 다른 비자립어근의 경우와 마찬가지로 원래 형용사적 용법을 가지는 한자어 어근이 언해나 번역 과정을 통해 한국어의 형용사로 형성된 것으로 판단된다.

5장에서는 한자어 어근을 의미론적으로 분류하고 각 유형 한자어 파생형용사 어근의 의미론적 특성을 살펴보았다. 먼저 한자어 어근의 의미자질을 [실체성], [상태성], [동작성], [양태성]으로 나누었다.

제1유형의 '-하다' 형용사 한자어 어근은 특수한 경우를 제외하면 모두 [상태성]을 지니고 있다. '-하다' 형용사 한자어 어근 가운데 '독(毒), 부(富), 분(憤)'과 같은 [추상적 실체성]을 지닌 어근도 있으며 '부득이(不得已)'와 같은 [양태성]을 지닌 어근도 제한적으로 나타난다. 이것은 극히 제한적 경우를 제외하면 [실체성]이나 [동작성]을 지닌 한자어들이 '-하다' 파생형용사의 어근이 되지 못함을 의미한다. 이에 반해 제2유형의 '-답다, -롭다, -되다, -스럽다' 한자어 어근 가운데 [실체성]이나 [동작성]을 지닌 것은 절반을 차지하고 있어 그 비중이 상당히 높음을 확인하였다. 그리고 제3유형의 '-쩍다, -궂다, -맞다, -지다'도 [상태성]뿐만 아니라 [실체성]이나 [동작성]을 지닌 한자어 어근과도 결합할 수 있음도 확인하였다.

[실체성]이나 [동작성]을 지닌 명사성 자립어근들이 '-하다'와 결합하여 형용사를 형성할 수 없고 '-스럽다, -롭다' 등과 결합해야 형용사를 형성할 수 있는 것은 '-하다'와 '-스럽다, -롭다' 등의 의미적 차이에 기인한 것으로 보인다. 그리고 '-스럽다'의 [상태성] 한자어 어근들은 모두 동시에 '-하다'와 결합하여 형용사를 파생하는 공유 어근임을 확인하였는데 이것은 화자가 '-하다' 형용사의 강한 단언적 어감을 약화하기 위해서 신중한 느낌을 줄 수 있는 '-스럽다'를 사용한 것으로 보인다.

한편 각 유형 파생형용사 한자어 어근의 [긍정성]이나 [부정성] 경향에도 분명한 차이가 난다. 특별한 가치 평가적 경향성이 없는 '-하다, -지다' 한자어 어근과 달리, [긍정성]을 지닌 한자어 어근은 주로 '-답다, -롭다'와 결합하고, [부정성]을 지닌 한자어 어근은 주로 '-스럽다, -쩍다, -되다, -맞다, -궂다' 등과 결합하는 것으로 나타난다. 그 중에 '-답다'는 긍정적 의미를 지닌 어근과만 결합하고, '-맞다, -궂다'는 부정적 의미를 지닌 어근과만 결합한다.

　본서는 한자어 어근의 중국어 용법을 확인할 때 모든 한자어 어근의 중국 문헌자료에서의 용법을 고찰하지 못한 점에서 한자어 어근의 중국어 용법에 대한 논의는 통시적 한계성을 지닌다. 이 점은 이 글의 아쉬운 점이나 역사적 문헌자료를 통한 증명은 후속 과제로 남겨둔다.

참고문헌

고광주(2001). 국어의 능격성 연구, 월인.

고신숙(1987). 조선어리론문법, 평양: 과학백과사전출판사.

고영근(1973). "현대국어 접미사에 대한 구조적 연구(1): 확립기준을 중심으로", 논문집 18, 서울대학교, 71-101.

고영근(1989). 국어형태론연구, 서울대학교 출판부.

고영근(1999). "〈연세한국어사전〉에 대한 평가", 사전편찬학 연구 9, 연세대학교 언어정보개발원, 7-12.

고영근·구본관(2008). 우리말 문법론, 집문당.

고은숙(2005). 한일 양국어의 형용사에 관한 연구, 한국외국어대학교 박사학위논문.

구본관(1999). "파생접미사의 범위", 형태론 1-1, 도서출판 박이정, 1-23.

구본관(2005). "국어 접미사의 분류에 대한 재검토", 우리말 연구: 서른아홉 마당, 태학사, 13-40.

구본관(2007). "접미사 '들'의 이형태에 대한 통시적 고찰", 우리말 연구 21, 우리말학회, 135-175.

국립국어연구원(1999). 표준국어대사전, ㈜두산동아.

국립국어연구원(2002). 현대국어 사용 빈도 조사, 국립국어연구원.

김건희(2007). "'N 같다', 'N같다'에 대한 연구: 합성어로서 사전에 등재해야 하는 'N같다' 판별을 중심으로", 국어학 50, 국어학회, 149-180.

김건희(2011). 한국어 형용사의 논항 구조 연구, 월인.

김경빈(1990). 형용사 형성연구: 명사로부터의 파생을 중심으로, 경희대학교 교육대학원, 석사학위논문.

김계곤(1969). "현대국어의 뒷가지 처리에 대한 관견", 한글 144, 391-436.

김계곤(1993). "현대 국어의 조어법 연구 - '하다'따위 풀이씨의 됨됨이", 한글 221, 한글학회, 5-106.

김계곤(1996). 현대 국어의 조어법 연구, 박이정.

김상대(1988). "형용사의 의미 특성", 先淸語文, 16・17合, 239-252.

김선영(2011). 형용사 동사 양용 용언에 대한 연구, 서울대학교 대학원, 박사학위논문.

김선효(2011). 한국어 관형어 연구, 역락.

김세중(1989). "국어 심리형용사문의 몇 가지 문제", 어학연구 25-1.

김억조(2012). 국어 차원형용사의 의미, 한국문화사.

김영욱(1994). "불완전계열에 대한 형태론적 연구", 국어학 24, 국어학회, 87-109.

김정남(2003). "'aa-하다' 형용사의 형태・의미론적 특징", 형태론 5-2, 박이정, 225-254.

김정남(2005). 국어 형용사의 연구, 역락.

김정남(2005). "'-답다', '-롭다', '-스럽다'의 분포와 의미", 한국어 의미학, 18, 한국어의미학회, 125-148.

김찬화(2005). 한중 감각형용사 의미 연구, 인천대학교 박사학위논문.

김창섭(1984). "형용사 파생접미사들의 기능과 의미", 진단학보 58, 진단학회, 145-161.

김창섭(1990). "영파생과 의미전의", 주시경학보, 5, 94-110.

김창섭(1996). 국어의 단어형성과 단어구조 연구, 서울: 국어학회.

김창섭(1999). 국어 어휘 자료 처리를 위한 한자어의 형태・통사론적 연구, 국립국어연구원.

김창섭(2001). "'X하다'와 'X를 하다'의 관계에 대하여", 어학연구 37, 서울대 어학연구소, 63-85.

김흥수(1989). 현대국어 심리동사 구문 연구, 탑출판사.

남기심(1968). "그림씨를 풀이말로 하는 문장의 몇 가지 특질", 한글 142, 한글학회, 473-497.

남기심·고영근(1985/1993). 표준국어문법론, 탑출판사.

남길임(2004). "활용 양용 용언 연구 - 말뭉치 용례를 중심으로", 형태론 6-2, 도서출판 박이정, 221-236.

남지순(2007). 한국어 형용사 어휘문법, 한국문화사.

노대규(1981). "국어 접미사 '답'의 의미 연구", 한글 172, 한글학회, 57-104.

노명희(1990). "한자어의 어휘형태론적 특성에 관한 연구", 국어연구 95, 국어연구회.

노명희(2005). 현대국어 한자어 연구, 국어학회.

노명희(2007). "한자어의 어휘 범주와 내적 구조", 진단학보 103, 진단학회, 167-191.

노명희(2009). "어근 개념의 재검토", 어문연구 37, 한국어문교육연구회, 59-84.

도원영(2008). 국어 형용성 동사 연구, 태학사.

민현식(1984). "'-스럽다, -롭다' 接尾辭에 대하여", 국어학 13, 국어학회, 95-118.

박승빈(1935). 조선어학, 한국역대문법대계 1-50, 탑출판사.

박영종(2009). 현대한중사전, 교학사.

서정수(1975). 동사 '하'의 문법, 연세대학교 박사학위논문, 서울: 형설출판사.

서정수(1991). ""하-"와 "되-"에 대하여", 어학연구 27-3, 481-505.

서정수(1996). 국어문법, 한양대학교출판원.

손해서(2014). 동형의 한중 한자어 어근 파생형용사 대비 연구, 부경대학교 대학원, 박사학위논문.

송철의(1977). 파생어 형성과 음운현상, 서울대학교 대학원, 석사학위논문. (국어연구 38)

송철의(1992). 국어의 파생어형성 연구, 국어학총서 18, 태학사.

송철의(1995). "'-었'과 형태론", 國語史와 借字表記, 태학사, 847-863.

시정곤(2001). "명사성 불구어근의 형태·통사론적 연구", 한국어학 14, 한국어학회, 205-234.

신기철·신용철(1974). 새우리말큰사전, 三省出版社.

신명선(2006). "국어 학술텍스트에 드러난 헤지(hedge) 표현에 대한 연구", 배달말 38, 배달말학회, 151-180.

신순자(1996). 현대 국어의 형용사 연구, 숙명여자대학교 대학원, 박사학위논문.

신순자(1997). "형용사의 형태구조적 특성", 어문논집 7, 숙명여자대학교 어문학연구소, 27-56.

신운섭(1993). 파생 형용사의 뒷가지 연구, 단국대학교 대학원, 박사학위논문.

심재기(1982). 국어어휘론, 집문당.

심재기(1987). "한자어의 구조와 그 조어력", 국어생활 8, 국어연구소, 25-39.

안명철(1993). "통사·의미론", 국어학 연감, 국립국어연구원, 30-36.

안명철(2001). "이중주어 구문과 구-동사", 국어학 38, 국어학회, 181-207.

안명철(2010). "남북한 및 베트남 한자어의 상관 관계", 한국학연구 22, 인하대학교 한국학연구소, 221-245.

안명철(2013). "한국어 공간형용사의 시간성에 대하여", 어문연구 41, 한국어문교육 연구회, 7-32.

안병희(1965). 국어학 개론, 수도출판사.

안병희(1967). 韓國語發達史 中 (문법사), 한국문화사대계 9, 高大民族文化硏究所.

안병희·이광호(1990). 중세한국어문법론, 학연사.

안예리(2008). "형용사 파생접미사의 어기 공유 현상", 형태론 10-1, 도서출판 박이정, 63-83.

연세대학교 언어정보개발연구원(1998). 연세한국어사전, (주)두산동아.

왕 단(2005). 중국어권 학습자를 위한 한국어 형용사 기술과 교육 방안 연구, 서울대학교 대학원, 박사학위논문.

우 효(1980). 형용사 파생접미사 "-답다", "-스럽다"의 연구, 계명대학교 대학원, 석사학위논문.

유춘평(2013). 한국어의 '한자어·하다'형 용언에 대한 연구, 인하대학교 대학원, 박사학위논문.

유현경(1998). 국어 형용사 연구, 한국문화사.

유현경(2000). "국어 형용사의 유형에 대한 연구", 국어학 36, 국어학회, 221-258.

윤동원(1986). 형용사 파생접미사 (-스럽-), (-롭-), (-답-)의 연구, 서울대학교 대학원, 석사학위논문.

윤만근(1982). "동사 '하'의 통시적 관찰을 통해본 그 성격과 동사 '하'의 기저 구조", 언어학 5, 한국언어학회, 117-141.

이기문(1972). 국어 음운사 연구, 한국문화연구소(탑출판사, 1978).

이기문(1998). (신정판) 국어사개설, 태학사.

이병근(1986). "국어사전과 파생어", 어학연구, 22-3, 389-408.

이선웅(2000). "국어의 한자어 '관형명사'에 대하여", 한국문화 26, 서울대 한국 문화연구소, 35-58.

이선웅(2012). 한국어 문법론의 개념어 연구, 월인.

이승명(2003). "국어 「N+없다」의 구조", 한글 259, 한글학회, 147-170.

이영경(2003). "중세한국어 형용사의 동사적 용법에 관하여", 형태론 5-2, 도서 출판 박이정, 273-295.

이익섭(1975). "국어 조어론의 몇 문제", 동양학 5, 단국대학교 동양학연구소, 155-165.

이익섭(1986). 국어학개설, 학연사.

이익섭·이상억·채완(1997). 한국의 언어, 신구문화사

이현규(1982). "접미사 '답다'의 형태·구조·의미 변화", 肯浦趙奎卨敎授 華甲 紀念論叢, 서울: 螢雪出版社.

이호승(2003). 통사적 어근의 성격과 범위, 국어교육 112, 한국어교육학회, 373-397.

이희승(1950). 국어학개설, 민중서관.

이희승·안병희(2006). 한글 맞춤법 강의, 신구문화사.

임성규(1997). "형용사 파생에 관여하는 어근 접미사 연구", 한국언어문학 39, 한국언어문학회, 151-169.

임홍빈(1972). 국어의 주제화 연구, 서울대학교 대학원, 석사학위논문(국어연구 28).

임홍빈(1989). "통사적 파생에 대하여", 어학연구 25-1, 서울대 어학연구소, 167-196.

임홍빈·장소원(1995). 국어문법론Ⅰ, 한국방송대학교출판부.

임홍빈·안명철·장소원·이은경(2001). 바른 국어생활과 문법, 한국방송통신대학교출판부.

장윤희(2001). "중세국어 '-암/엄 직O-'의 문법사", 형태론 3-1, 도서출판 박이정, 1-21.

장윤희(2002). "국어 동사사(動詞史)의 제문제", 한국어 의미학 10, 한국어의미학회, 97-141.

장윤희(2006). "고대국어의 파생접미사 연구", 국어학 45, 국어학회, 313-336.

정성미(2005). '-하다' 형용사의 형태 구조와 논항 구조 연구, 강원대학교 대학원, 박사학위논문.

정인수(1994). 국어 형용사의 의미 자질 연구, 영남대학교 대학원, 박사학위논문.

채희락(1996). "'-하-'의 특성과 경술어 구문", 어학연구 32-3, 서울대 어학연구소.

채현식(2001). "한자어 연결 구성에 대하여", 형태론 3-2, 도서출판 박이정, 241-263.

채현식(2014). "명사의 형태론", 한국어학 62, 한국어학회, 97-122

최현배(1937/1955). 우리말본, 정음사.

최형용(1999). "국어의 단어 구조에 대하여", 형태론 1-2, 도서출판 박이정, 245-260.

최형용(2002). "어근과 어기에 대하여", 형태론 4-2, 도서출판 박이정, 301-318.

최형용(2006). "합성어 형성과 어순", 국어국문학 143, 국어국문학회, 235-272.

최형용(2012). "유형론적 관점에서 본 한국어의 품사 분류 기준에 대하여", 형태론 14-2, 도서출판 박이정, 233-263.

하경식(2006). 일본어의 형용사 연구: 한국어 형용사와 대조를 통해, 경상대학교 박사학위논문.

하치근(1983). "국어 접미사 설정의 몇 가지 문제", 국어국문학 21, 국어국문학회, 171-183.

하치근(2010). 우리말 파생형태론, 경진.

한길(2006). 현대 우리말의 형태론, 역락.

홍기문(1947). 조선문법연구, 서울신문사, 역대한국문법대계 1-39, 탑출판사.

황문환(2006). "현대국어 파생접미사 '-적/쩍'의 통시론", 이병근선생퇴임기념 국어학논총, 태학사, 605-622.

中國社會科學院 語言硏究所(2012). 現代漢語詞典(第6版), 常務印書館.

黃貞姬(2009). 韓國語漢字形容詞硏究--以韓漢同形詞對比爲中心, 延邊大學博士學位論文.

Lyons, J(1977). Semantics 1, Cambridge University Press.

Martin. S.(1992). A Reference Grammar of Korean, Tokyo: Charles E. Tuttle Company.

Park, Byung-soo(1974). "The Korean Verb ha and Verb Complementation", 어학연구 10-1, 서울대학교 어학연구소, 46-82.

Park, Byung-soo(1981). "On the Double Object Construction in Korean", 언어 6-1, 한국언어학회, 91-113.

부록

부록 1: '-하다' 파생형용사 2음절 명사성 한자어 자립어근 (271개)

간교(奸巧), 간사(奸詐), 간악(奸惡), 갈급(渴急), 감사(感謝), 강녕(康寧), 거만(倨慢), 건강(健康), 건재(健在), 건조(乾燥), 검소(儉素), 결백(潔白), 겸손(謙遜), 경박(輕薄), 경솔(輕率), 고독(孤獨), 곤란(困難), 공평(公平), 공허(空虛), 과민(過敏), 광명(光明), 괴팍(乖愎), 교만(驕慢), 교활(狡猾), 굴곡(屈曲), 궁색(窮塞), 궁핍(窮乏), 극빈(極貧), 극성(極盛), 극악(極惡), 근면(勤勉), 긴박(緊迫), 나약(懦弱), 나태(懶怠), 남루(襤褸), 내밀(內密), 냉정(冷靜), 노쇠(老衰), 다정(多情), 단명(短命), 대담(大膽), 둔감(鈍感), 만족(滿足), 몽매(蒙昧), 무고(無故), 무구(無垢), 무능(無能), 무력(無力), 무례(無禮), 무료(無聊), 무리(無理), 무병(無病), 무사(無事), 무상(無常), 무식(無識), 무안(無顏), 무정(無情), 무지(無知), 문란(紊亂), 문명(文明), 미비(未備), 미안(未安), 박복(薄福), 방탕(放蕩), 번성(蕃盛), 번잡(煩雜), 범속(凡俗), 부덕(不德), 부유(富裕), 부정(不正), 부정(不貞), 부족(不足), 부진(不振), 분방(奔放), 분주(奔走), 불결(不潔), 불능(不能), 불량(不良), 불리(不利), 불법(不法), 불손(不遜), 불안(不安), 불우(不遇), 불운(不運), 불의(不義), 불충(不忠), 불편(不便), 불행(不幸), 불효(不孝), 비만(肥滿), 비상(非常), 비열(卑劣), 비참(悲慘), 비통(悲痛), 빈곤(貧困), 사악(邪惡), 성실(誠實), 소란(騷亂), 소홀(疏忽), 쇠약(衰弱), 순결(純潔), 순수(純粹), 순정(純正), 순진(純眞), 신비(神

秘), 신성(神聖), 신중(愼重), 악독(惡毒), 안녕(安寧), 안락(安樂), 안온(安穩), 안일(安逸), 안전(安全), 암울(暗鬱), 애통(哀痛), 야속(野俗), 억울(抑鬱), 엄격(嚴格), 여하(如何), 영원(永遠), 오만(傲慢), 온난(溫暖), 옹색(壅塞), 완벽(完璧), 요란(搖亂), 요염(妖艶), 용맹(勇猛), 우둔(愚鈍), 우매(愚昧), 우세(優勢), 우연(偶然), 우울(憂鬱), 우월(優越), 울분(鬱憤), 원통(冤痛), 원활(圓滑), 위급(危急), 위험(危險), 유능(有能), 유별(有別), 유식(有識), 유익(有益), 유쾌(愉快), 유한(有限), 윤택(潤澤), 음란(淫亂), 음흉(陰凶), 의아(疑訝), 이상(異常), 인색(吝嗇), 인자(仁慈), 저조(低調), 적격(適格), 적막(寂寞), 절친(切親), 정숙(靜肅), 정직(正直), 정확(正確), 조숙(早熟), 조신(操身), 존귀(尊貴), 존엄(尊嚴), 진실(眞實), 질탕(跌宕), 참담(慘澹), 창피(猖披), 천박(淺薄), 철저(徹底), 청결(淸潔), 청렴(淸廉), 청빈(淸貧), 초조(焦燥), 총명(聰明), 추악(醜惡), 충실(充實), 취약(脆弱), 친숙(親熟), 친절(親切), 침착(沈着), 침통(沈痛), 태만(怠慢), 태연(泰然), 태평(太平), 편리(便利), 편안(便安), 평등(平等), 평안(平安), 평온(平穩), 평정(平靜), 평탄(平坦), 포악(暴惡), 풍성(豊盛), 풍요(豊饒), 피곤(疲困), 피로(疲勞), 필요(必要), 해이(解弛), 행복(幸福), 허망(虛妄), 허무(虛無), 허약(虛弱), 허탈(虛脫), 현명(賢明), 혼란(混亂), 혼미(昏迷), 혼잡(混雜), 혼탁(混濁), 화급(火急), 화목(和睦), 화평(和平), 황홀(恍惚), 후덕(厚德), 흉악(凶惡), 흉측(凶測)

가능(可能), 과다(過多), 과문(寡聞), 과밀(過密), 균등(均等), 균일(均一), 냉담(冷淡), 다변(多辯), 다행(多幸), 담대(膽大), 당연(當然), 대길(大吉), 대등(對等), 독특(獨特), 동등(同等), 만면(滿面), 만무(萬無), 무량(無量), 무모(無謀), 무미(無味), 무변(無邊), 무수(無數), 무심(無心), 무용(無用), 미숙(未熟), 민감(敏感), 박약(薄弱), 불측(不

測), 불쾌(不快), 비굴(卑屈), 비옥(肥沃), 비정(非情), 빈약(貧弱), 애련(哀憐), 애석(哀惜), 연로(年老), 완숙(完熟), 왕성(旺盛), 유수(有數), 유일(唯一), 은근(慇懃), 잔인(殘忍), 장엄(莊嚴), 적합(適合), 전능(全能), 전무(全無), 지고(至高), 참혹(慘酷), 천진(天眞), 청순(淸純), 충실(忠實), 측은(惻隱), 치열(熾烈), 통쾌(痛快), 특유(特有), 편협(偏狹), 황망(慌忙), 흡족(洽足)

부록 2: '-하다' 파생형용사 2음절 한자어 비자립어근 (533개)

가공(可恐), 가당(可當), 가련(可憐), 가열(苛烈), 각박(刻薄), 각별(各別), 간결(簡潔), 간곡(懇曲), 간단(簡單), 간략(簡略), 간명(簡明), 간사(奸邪), 간소(簡素), 간절(懇切), 간편(簡便), 강건(强健), 강고(强固), 강렬(强烈), 강인(强靭), 강직(剛直), 강퍅(剛愎), 거창(巨創), 건실(健實), 건장(健壯), 걸출(傑出), 격렬(激烈), 격심(激甚), 견결(堅決), 견고(堅固), 결연(決然), 겸허(謙虛), 경건(敬虔), 경미(輕微), 경쾌(輕快), 고결(高潔), 고고(孤高), 고귀(高貴), 고루(固陋), 고매(高邁), 고상(高尙), 곤고(困苦), 곤핍(困乏), 공명(公明), 공손(恭遜), 공연(公然), 공연(空然), 과감(果敢), 과년(過年), 과대(過大), 과도(過度), 과람(過濫), 과분(過分), 과중(過重), 관대(寬大), 관활(寬闊), 광대(廣大), 광막(廣漠), 광범(廣範), 광포(狂暴), 광활(廣闊), 괴괴(怪怪), 괴상(怪常), 괴이(怪異), 굉장(宏壯), 교묘(巧妙), 구구(區區), 구차(苟且), 귀중(貴重), 극명(克明), 극심(極甚), 극진(極盡), 근근(勤勤), 근사(近似), 근소(僅少), 근엄(謹嚴), 급격(急激), 급급(汲汲), 급박(急迫), 기괴(奇怪), 기구(崎嶇), 기묘(奇妙), 기민(機敏), 기발(奇拔), 기이(奇異), 기특(奇特), 긴밀(緊密), 긴요(緊要), 끽긴(喫緊), 난감(難堪), 난만(爛漫), 난삽(難澁), 난잡(亂雜), 난처(難處), 난해(難解), 낭랑(朗朗), 낭자(狼藉), 냉랭(冷冷), 냉량(冷凉), 냉엄(冷嚴), 냉정(冷情), 냉철(冷徹), 냉혹(冷酷), 노곤(勞困), 노련(老鍊), 노회(老獪), 녹록(碌碌), 누추(陋醜), 늠름(凜凜), 능란(能爛), 능숙(能熟), 능통(能通), 다감(多感), 다급(多急), 다난(多難), 다망(多忙), 다분(多分), 다습(多濕), 다양(多樣), 단란(團欒), 단아(端雅), 단정(端正), 단호(斷乎), 담담(淡淡), 담백(淡白), 당돌(唐突), 대범(大汎), 도도(滔

滔), 독실(篤實), 돈독(敦篤), 둔중(鈍重), 둔탁(鈍濁), 등등(騰騰), 막
대(莫大), 막막(寞寞), 막막(漠漠), 막역(莫逆), 막연(漠然), 막중(莫
重), 만만(滿滿), 망극(罔極), 망망(茫茫), 망연(茫然), 맹랑(孟浪), 맹
렬(猛烈), 면밀(綿密), 명료(明瞭), 명민(明敏), 명백(明白), 명석(明
晳), 명철(明哲), 명쾌(明快), 명확(明確), 모호(模糊), 몽롱(朦朧), 묘
망(묘茫), 묘연(杳然), 무고(無辜), 무관(無關), 무궁(無窮), 무난(無
難), 무도(無道), 무망(無望), 무방(無妨), 무색(無色), 무성(茂盛), 무
엄(無嚴), 무익(無益), 무지(無智), 무참(無慘), 무해(無害), 묵중(默
重), 미려(美麗), 미묘(微妙), 미미(微微), 미약(微弱), 미진(未盡), 미
천(微賤), 미흡(未洽), 민첩(敏捷), 민활(敏活), 박식(博識), 박정(薄
情), 발랄(潑剌), 방대(尨大), 방만(放漫), 방불(彷彿), 방자(放恣), 방
정(方正), 번화(繁華), 범상(凡常), 병약(病弱), 복잡(複雜), 부단(不
斷), 부유(富有), 부정(不淨), 분분(紛紛), 불길(不吉), 비겁(卑怯), 비
근(卑近), 비대(肥大), 비범(非凡), 비속(卑俗), 비장(悲壯), 비천(卑
賤), 비천(鄙淺), 빈번(頻繁), 빈한(貧寒), 사소(些少), 삭막(索莫), 산
란(散亂), 산만(散漫), 산적(山積), 살벌(殺伐), 삼엄(森嚴), 상이(相
異), 상쾌(爽快), 생경(生硬), 생소(生疏), 석연(釋然), 선량(善良), 선
명(鮮明), 선연(鮮然), 섬세(纖細), 섬약(纖弱), 성급(性急), 성대(盛
大), 성성(星星), 세밀(細密), 세세(細細), 세심(細心), 소박(素朴), 소
상(昭詳), 소소(小小), 소슬(蕭瑟), 소심(小心), 소연(騷然), 소원(疏
遠), 소중(所重), 소탈(疏脫), 솔직(率直), 송구(悚懼), 송연(悚然), 수
려(秀麗), 수상(殊常), 수척(瘦瘠), 숙연(肅然), 순박(淳朴), 순순(順
順), 순전(純全), 순탄(順坦), 숭고(崇高), 시급(時急), 신기(神奇), 신
기(新奇), 신랄(辛辣), 신령(神靈), 신선(新鮮), 신통(神通), 심각(深
刻), 심난(甚難), 심란(心亂), 심상(尋常), 심심(甚深), 심약(心弱), 심

오(深奧), 심원(深遠), 심장(深長), 아담(雅淡), 악랄(惡辣), 안이(安易), 안존(安存), 암담(暗澹), 애매(曖昧), 애절(哀切), 야박(野薄), 야비(野卑), 약소(略少), 양호(良好), 어눌(語訥), 어색(語塞), 엄밀(嚴密), 엄숙(嚴肅), 엄연(儼然), 엄정(嚴正), 여의(如意), 여전(如前), 역력(歷歷), 역연(歷然), 연만(年晚), 연약(軟弱), 열렬(熱烈), 열악(劣惡), 영롱(玲瓏), 영리(怜悧), 영민(英敏), 영악(靈惡), 영특(英特), 영험(靈驗), 예리(銳利), 예민(銳敏), 오묘(奧妙), 온당(穩當), 온순(溫順), 온전(穩全), 온화(溫和), 옹졸(壅拙), 완강(頑强), 완고(頑固), 완곡(婉曲), 완만(緩晚), 완만(緩慢), 완연(宛然), 왜소(矮小), 요긴(要緊), 요원(遙遠), 용감(勇敢), 용이(容易), 우아(優雅), 우직(愚直), 울적(鬱寂), 울창(鬱蒼), 웅건(雄健), 웅대(雄大), 웅장(雄壯), 원대(遠大), 원만(圓滿), 원숙(圓熟), 위대(偉大), 위독(危篤), 위태(危殆), 유구(悠久), 유덕(有德), 유려(流麗), 유리(有利), 유복(裕福), 유순(柔順), 유심(有心), 유약(柔弱), 유연(柔軟), 유연(悠然), 유장(悠長), 유창(流暢), 유치(幼稚), 유현(幽玄), 육중(肉重), 융숭(隆崇), 은밀(隱密), 은성(殷盛), 은은(隱隱), 음산(陰散), 음습(陰濕), 음울(陰鬱), 음침(陰沈), 음탕(淫蕩), 음험(陰險), 음황(淫荒), 의연(毅然), 일천(日淺), 자명(自明), 자상(仔詳), 자세(仔細), 자자(藉藉), 작작(綽綽), 잠잠(潛潛), 잡다(雜多), 장구(長久), 장대(壯大), 장대(長大), 장대(張大), 장려(壯麗), 장렬(壯烈), 장중(莊重), 장쾌(壯快), 장황(張皇), 쟁쟁(錚錚), 저렴(低廉), 저열(低劣), 적당(適當), 적법(適法), 적실(的實), 적의(適宜), 적적(寂寂), 적절(適切), 적확(的確), 절묘(絕妙), 절박(切迫), 절실(切實), 절절(切切), 절통(切痛), 정결(淨潔), 정교(精巧), 정당(正當), 정숙(貞淑), 정숙(整肅), 정연(井然), 정연(整然), 정정(亭亭), 정중(鄭重), 정치(精緻), 제일(齊一), 조급(躁急), 조밀(稠

密), 조속(早速), 조악(粗惡), 조잡(粗雜), 조잡(稠雜), 죄송(罪悚), 준수(俊秀), 준엄(峻嚴), 준열(峻烈), 중후(重厚), 즐비(櫛比), 지극(至極), 지난(至難), 지당(至當), 지대(至大), 지독(至毒), 지순(至純), 지엄(至嚴), 진귀(珍貴), 진기(珍奇), 진부(陳腐), 진솔(眞率), 진정(眞正), 진지(眞摯), 진진(津津), 질박(質樸), 집요(執拗), 착실(着實), 착잡(錯雜), 찬란(燦爛), 찬연(燦然), 참신(斬新), 창백(蒼白), 창창(蒼蒼), 처량(凄凉), 처연(悽然), 처절(凄切), 처절(悽絶), 처참(悽慘), 척박(瘠薄), 첨예(尖銳), 청량(淸凉), 청명(淸明), 청신(淸新), 청아(淸雅), 청초(淸楚), 초연(超然), 초췌(憔悴), 추잡(醜雜), 출중(出衆), 충만(充滿), 충분(充分), 충직(忠直), 치밀(緻密), 치사(恥事), 치졸(稚拙), 친근(親近), 친밀(親密), 침울(沈鬱), 침침(沈沈), 쾌적(快適), 쾌청(快晴), 쾌활(快活), 타당(妥當), 탁월(卓越), 탕탕(蕩蕩), 통렬(痛烈), 투철(透徹), 특수(特秀), 특출(特出), 파다(播多), 판이(判異), 팽팽(膨膨), 편벽(偏僻), 편편(便便), 편평(扁平), 평범(平凡), 평이(平易), 평평(平平), 풍려(豊麗), 풍만(豊滿), 풍부(豊富), 풍족(豊足), 한가(閑暇), 한산(閑散), 한심(寒心), 한유(閑裕), 한적(閑寂), 합당(合當), 해괴(駭怪), 해박(該博), 허구(許久), 허다(許多), 허랑(虛浪), 허황(虛荒), 험난(險難), 험악(險惡), 험준(險峻), 혁혁(赫赫), 현격(懸隔), 현란(絢爛), 현묘(玄妙), 현저(顯著), 협소(狹小), 호방(豪放), 호쾌(豪快), 호탕(豪宕), 혹독(酷毒), 혹심(酷甚), 화려(華麗), 화사(華奢), 화순(和順), 화창(和暢), 확고(確固), 확실(確實), 확연(確然), 활달(豁達), 활발(活潑), 황공(惶恐), 황급(遑急), 황당(荒唐), 황량(荒凉), 황막(荒漠), 황송(惶悚), 훈훈(薰薰), 휘황(輝煌), 흉흉(洶洶), 흔쾌(欣快), 희귀(稀貴), 희미(稀微), 희박(稀薄), 희한(稀罕)

부록 3: 현대중국어에서 형용사로 쓰이는 '-하다' 한자어 파생형용사 비자립어근 (327개)

각별(各別), 각박(刻薄), 간결(簡潔), 간단(簡單), 간략(簡略), 간명(簡明), 간절(懇切), 간편(簡便), 강건(强健), 강고(强固), 강렬(强烈), 강인(强靭), 강직(剛直), 강팍(剛愎), 건실(健實), 건장(健壯), 걸출(傑出), 격렬(激烈), 견결(堅決), 견고(堅固), 겸허(謙虛), 경건(敬虔), 경미(輕微), 경쾌(輕快), 고결(高潔), 고고(孤高), 고귀(高貴), 고루(固陋), 고매(高邁), 고상(高尙), 곤고(困苦), 곤핍(困乏), 공손(恭遜), 과감(果敢), 과도(過度), 과람(過濫), 과분(過分), 관대(寬大), 관활(寬闊), 광대(廣大), 구구(區區), 구차(苟且), 광막(廣漠), 광범(廣範), 광포(狂暴), 광활(廣闊), 굉장(宏壯), 교묘(巧妙), 귀중(貴重), 근면(勤勉), 근엄(謹嚴), 급격(急激), 급급(汲汲), 급박(急迫), 기구(崎嶇), 기묘(奇妙), 기민(機敏), 기이(奇異), 기특(奇特), 긴밀(緊密), 긴요(緊要), 끽긴(喫緊), 난만(爛漫), 난해(難解), 낭랑(朗朗), 낭자(狼藉), 냉랭(冷冷), 냉량(冷凉), 냉혹(冷酷), 노련(老鍊), 녹록(碌碌), 누추(陋醜), 늠름(凜凜), 다난(多難), 다양(多樣), 단란(團欒), 단아(端雅), 단정(端正), 담담(淡淡), 당돌(唐突), 도도(滔滔), 독실(篤實), 돈독(敦篤), 둔중(鈍重), 둔탁(鈍濁), 등등(騰騰), 막대(莫大), 막막(漠漠), 막역(莫逆), 막연(漠然), 만만(滿滿), 망망(茫茫), 망연(茫然), 맹랑(孟浪), 맹렬(猛烈), 면밀(綿密), 명민(明敏), 명석(明晳), 명쾌(明快), 몽롱(朦朧), 묘망(渺茫), 묘연(杳然), 무료(無聊), 무성(茂盛), 미려(美麗), 미묘(微妙), 미약(微弱), 미천(微賤), 민첩(敏捷), 박식(博識), 박정(薄情), 발랄(潑剌), 방대(尨大), 방자(放恣), 방정(方正), 번화(繁華), 병약(病弱), 복잡(複雜), 비겁(卑怯), 비대(肥大), 비범(非凡), 비

속(卑俗), 비장(悲壯), 비천(卑賤), 빈번(頻繁), 빈한(貧寒), 삭막(索
莫), 산란(散亂), 산만(散漫), 삼엄(森嚴), 상이(相異), 상쾌(爽快), 생
경(生硬), 생소(生疏), 석연(釋然), 선량(善良), 선명(鮮明), 섬세(纖
細), 섬약(纖弱), 성급(性急), 성대(盛大), 세밀(細密), 세세(細細), 세
심(細心), 소박(素朴), 소소(小小), 소슬(蕭瑟), 솔직(率直), 송구(悚
懼), 송연(悚然), 수려(秀麗), 수척(瘦瘠), 숙연(肅然), 순박(淳朴), 순
탄(順坦), 숭고(崇高), 신기(神奇), 신기(新奇), 신랄(辛辣), 신선(新
鮮), 심각(深刻), 심상(尋常), 심오(深奧), 심원(深遠), 심장(深長), 아
담(雅淡), 악랄(惡辣), 암담(暗澹), 애매(曖昧), 애절(哀切), 양호(良
好), 엄정(嚴正), 역력(歷歷), 연약(軟弱), 열렬(熱烈), 영롱(玲瓏), 영
리(怜悧), 영험(靈驗), 예리(銳利), 예민(銳敏), 오묘(奧妙), 온당(穩
當), 온순(溫順), 온화(溫和), 완강(頑强), 완고(頑固), 완곡(婉曲), 완
만(緩慢), 왜소(矮小), 요긴(要緊), 요원(遙遠), 용감(勇敢), 용이(容
易), 우아(優雅), 울창(鬱蒼), 웅건(雄健), 웅대(雄大), 웅장(雄壯), 원
대(遠大), 원만(圓滿), 원숙(圓熟), 위대(偉大), 위독(危篤), 위태(危
殆), 유구(悠久), 유려(流麗), 유리(有利), 유순(柔順), 유약(柔弱), 유
연(柔軟), 유연(悠然), 유장(悠長), 유창(流暢), 유치(幼稚), 은은(隱
隱), 음습(陰濕), 음울(陰鬱), 음침(陰沈), 음탕(淫蕩), 음험(陰險), 자
세(仔細), 장구(長久), 장려(壯麗), 장렬(壯烈), 장중(莊重), 장황(張
皇), 저렴(低廉), 저열(低劣), 적당(適當), 적법(適法), 적의(適宜), 적
적(寂寂), 적절(適切), 절묘(絶妙), 절박(切迫), 절실(切實), 정결(淨
潔), 정교(精巧), 정당(正當), 정숙(貞淑), 정연(井然), 정연(整然), 정
정(亭亭), 정중(鄭重), 정치(精緻), 제일(齊一), 조급(躁急), 조밀(稠
密), 준수(俊秀), 준엄(峻嚴), 준열(峻烈), 지당(至當), 진귀(珍貴), 진
기(珍奇), 진부(陳腐), 진솔(眞率), 진지(眞摯), 진진(津津), 질박(質

樸), 집요(執拗), 찬란(燦爛), 찬연(燦然), 참신(斬新), 창백(蒼白), 창창(蒼蒼), 처량(凄凉), 처연(悽然), 처절(凄切), 처절(悽絕), 처참(悽慘), 척박(瘠薄), 첨예(尖銳), 청량(淸凉), 청명(淸明), 청신(淸新), 청아(淸雅), 초연(超然), 초췌(憔悴), 출중(出衆), 충분(充分), 치밀(緻密), 치졸(稚拙), 친밀(親密), 침울(沈鬱), 쾌활(快活), 타당(妥當), 탁월(卓越), 탕탕(蕩蕩), 투철(透徹), 특출(特出), 편벽(偏僻), 평범(平凡), 평이(平易), 평평(平平), 풍만(豊滿), 풍족(豊足), 한산(閑散), 한적(閑寂), 해괴(駭怪), 해박(該博), 허구(許久), 허다(許多), 험난(險難), 험악(險惡), 험준(險峻), 혁혁(赫赫), 현란(絢爛), 현묘(玄妙), 현저(顯著), 협소(狹小), 호방(豪放), 호탕(豪宕), 혹독(酷毒), 화려(華麗), 화순(和順), 활달(豁達), 활발(活潑), 황공(惶恐), 황급(遑急), 황당(荒唐), 황량(荒凉), 황송(惶悚), 휘황(輝煌), 흉흉(洶洶), 흔쾌(欣快), 희미(稀微), 희박(稀薄)

부록 4: 현대중국어에서 형용사로 쓰이는 '-하다' 한자어 파생형용사 명사성 자립어근 (151개)

간사(奸詐), 간악(奸惡), 강녕(康寧), 건강(健康), 건조(乾燥), 겸손(謙遜), 경박(輕薄), 경솔(輕率), 고독(孤獨), 공평(公平), 공허(空虛), 과밀(過密), 교만(驕慢), 교활(狡猾), 궁핍(窮乏), 균등(均等), 균일(均一), 근근(勤勤), 긴박(緊迫), 나약(懦弱), 나태(懶怠), 남루(襤褸), 냉정(冷靜), 다정(多情), 단명(短命), 대길(大吉), 대담(大膽), 대등(對等), 독특(獨特), 동등(同等), 몽매(蒙昧), 무구(無垢), 무능(無能), 무수(無數), 무용(無用), 무정(無情), 무지(無知), 문란(紊亂), 민감(敏感), 박약(薄弱), 방탕(放蕩), 번성(蕃盛), 번잡(煩雜), 범속(凡俗), 부진(不振), 분방(奔放), 불결(不潔), 불량(不良), 불리(不利), 불법(不法), 불손(不遜), 불안(不安), 불충(不忠), 불쾌(不快), 비열(卑劣), 비옥(肥沃), 비참(悲慘), 비통(悲痛), 빈곤(貧困), 빈약(貧弱), 사악(邪惡), 성실(誠實), 쇠약(衰弱), 순정(純正), 순진(純眞), 신비(神秘), 신성(神聖), 신중(愼重), 악독(惡毒), 안녕(安寧), 안락(安樂), 안온(安穩), 안일(安逸), 안전(安全), 애통(哀痛), 억울(抑鬱), 연로(年老), 오만(傲慢), 왕성(旺盛), 요염(妖艶), 용맹(勇猛), 우둔(愚鈍), 우매(愚昧), 우울(憂鬱), 우월(優越), 울분(鬱憤), 원활(圓滑), 위급(危急), 유익(有益), 유일(唯一), 유쾌(愉快), 유한(有限), 은근(慇懃), 의아(疑訝), 인색(吝嗇), 인자(仁慈), 잔인(殘忍), 장엄(莊嚴), 적막(寂寞), 전능(全能), 정직(正直), 정확(正確), 조숙(早熟), 존귀(尊貴), 진실(眞實), 질탕(跌宕), 참담(慘澹), 참혹(慘酷), 천박(淺薄), 천진(天眞), 철저(徹底), 청결(淸潔), 청렴(淸廉), 청빈(淸貧), 청순(淸純), 초조(焦燥), 총명(聰明), 추악(醜惡), 취약(脆弱), 측은(惻隱), 치열(熾烈), 친

절(親切), 침착(沈着), 침통(沈痛), 태연(泰然), 태평(太平), 통쾌(痛快), 특유(特有), 편편(便便), 편협(偏狹), 평등(平等), 평안(平安), 평온(平穩), 평정(平靜), 평탄(平坦), 풍성(豊盛), 풍요(豊饒), 피곤(疲困), 피로(疲勞), 필요(必要), 허망(虛妄), 허무(虛無), 허약(虛弱), 혼란(混亂), 혼탁(混濁), 화급(火急), 화목(和睦), 황망(慌忙), 황홀(恍惚), 흉악(凶惡), 정숙(靜肅)